MW00934050

BASKETBALL STAT TRACKER

THIS BOOK BELONGS TO:

_____

_____

_____

We Love To Hear Your Voice
You Can Do That By Leaving A Review
For Our Book

Thank You For Your Purchase !

Copyright © 2022 UNESS Creative Publishing

All Rights Reserved.

No parts of this publication may be reproduced or transmitted in any form or by any means. Including photocopying, recording, or other electronic or mechanical methods. Without prior written permission from the publisher, except as permitted by U.S. copyright law.

About This Book

As a basketball player, dad, and coach. I have had a hard time remembering the stats of my own kids. After games, they have asked me how many points they had, or how many assists they dished. And my answers were always guesstimates ...give or take a few.

Since using the Stat Tracker Player Log Book, I have been able to easily record not only my own kids' stats but also those of their teammates.

Don't rely on memory anymore. Now you can know exactly how many points, shots taken, free throws, assists, rebounds, steals, turnovers, fouls, and blocks your player has each game.

Also, with the Shot Tracker maps, you can mark the location of shots taken and shots made, and easily calculate shooting percentages. This helpful tool will allow you to know where your player's sweet spot is on the court and where they might want to practice some more.

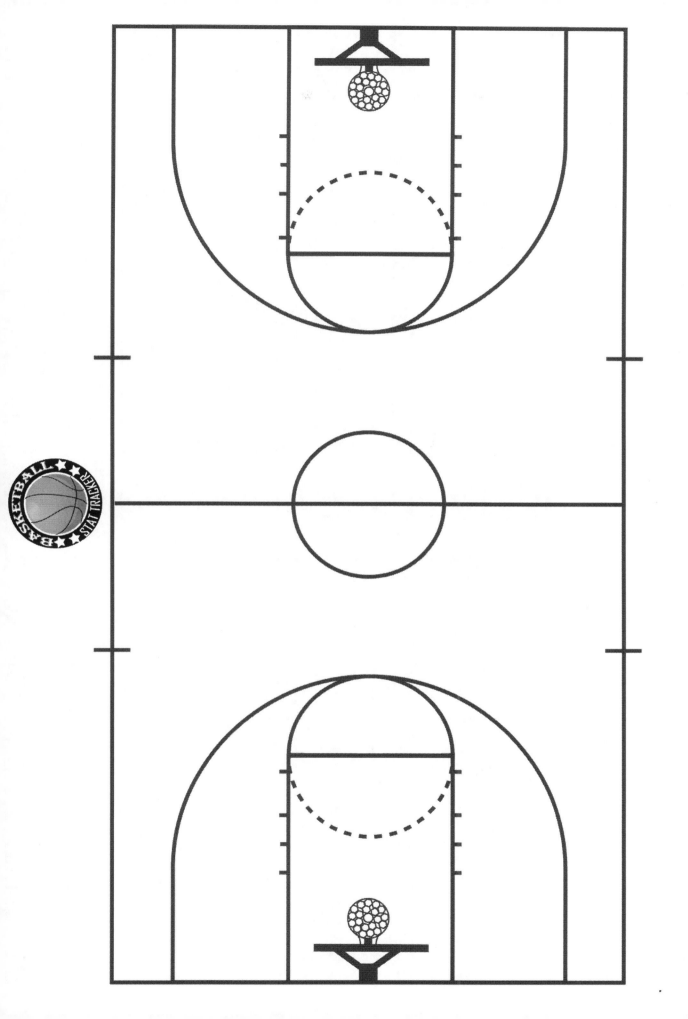

BASKETBALL STAT TRACKER

LOCATION							DATE						

VISITORS		HALF	FINAL		
HOME					

			SCORE								

Nº	PLAYER	FLS	HALF	2-POINT FG		3-POINT FG		FREE THROW		REBOUND		AST	TO	STL	BLK	TOTAL POINTS
		1 2 3 / 4 5	1	ATTEMPT	MADE	ATTEMPT	MADE	ATTEMPT	MADE	O	D					
			2													
		1 2 3 / 4 5	1													
			2													
		1 2 3 / 4 5	1													
			2													
		1 2 3 / 4 5	1													
			2													
		1 2 3 / 4 5	1													
			2													
		1 2 3 / 4 5	1													
			2													
		1 2 3 / 4 5	1													
			2													
		1 2 3 / 4 5	1													
			2													
		1 2 3 / 4 5	1													
			2													
		1 2 3 / 4 5	1													
			2													
		1 2 3 / 4 5	1													
			2													
		1 2 3 / 4 5	1													
			2													

Team Totals

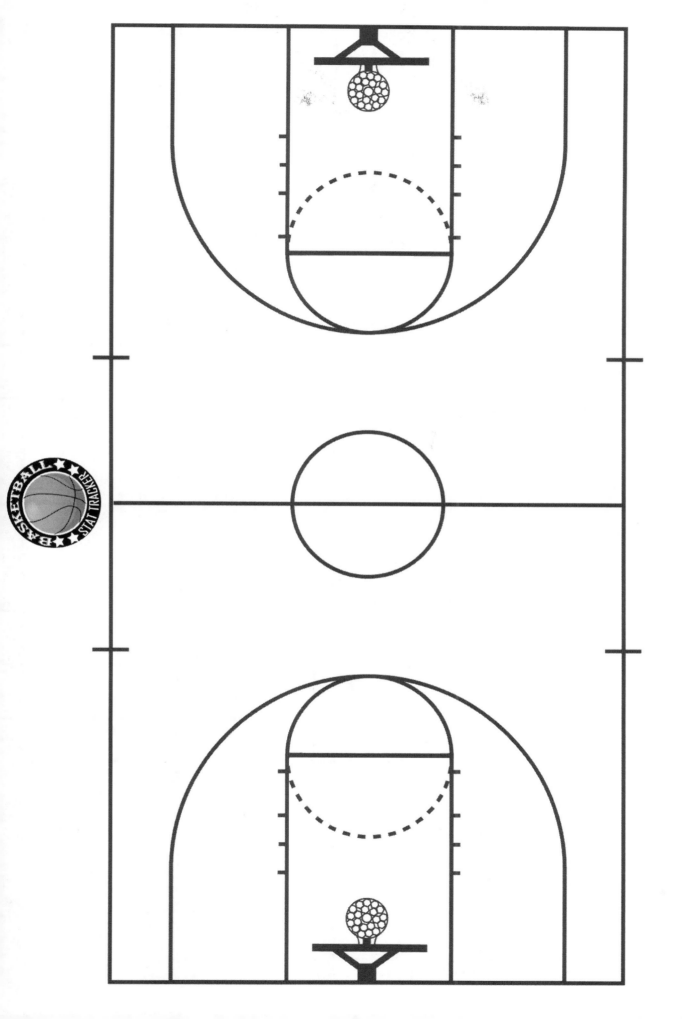

BASKETBALL STAT TRACKER

LOCATION

VISITORS	
HOME	

	SCORE
HALF	
FINAL	
DATE	

Nº	PLAYER	FLS					HALF	2-POINT FG		3-POINT FG		FREE THROW		REBOUND		AST	TO	STL	BLK	TOTAL POINTS
---	---	---	---	---	---	---	---	ATTEMPT	MADE	ATTEMPT	MADE	ATTEMPT	MADE	O	D					
		1	2	3	4	5	1													
							2													
		1	2	3	4	5	1													
							2													
		1	2	3	4	5	1													
							2													
		1	2	3	4	5	1													
							2													
		1	2	3	4	5	1													
							2													
		1	2	3	4	5	1													
							2													
		1	2	3	4	5	1													
							2													
		1	2	3	4	5	1													
							2													
		1	2	3	4	5	1													
							2													
		1	2	3	4	5	1													
							2													
		1	2	3	4	5	1													
							2													
		1	2	3	4	5	1													
							2													
		1	2	3	4	5	1													
							2													

Team Totals

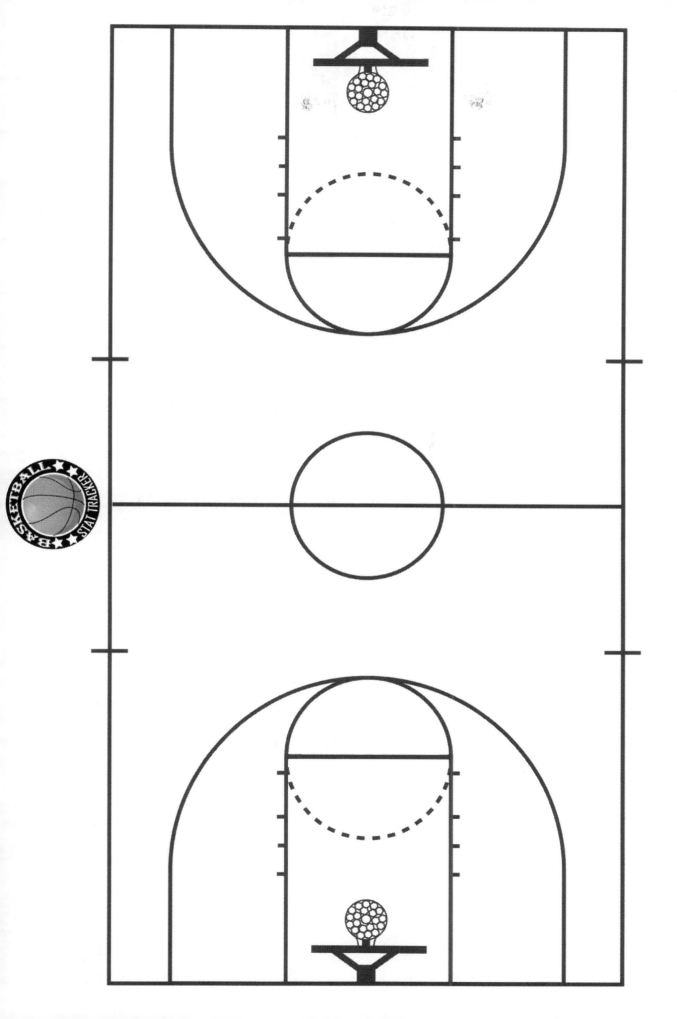

BASKETBALL STAT TRACKER

LOCATION			DATE		FINAL	HALF																			

VISITORS

HOME

SCORE

Nº	PLAYER	FLS	HALF	2-POINT FG		3-POINT FG		FREE THROW		REBOUND		AST	TO	STL	BLK	TOTAL POINTS
				ATTEMPT	MADE	ATTEMPT	MADE	ATTEMPT	MADE	O	D					
		1 2 3 / 4 5	1													
			2													
		1 2 3 / 4 5	1													
			2													
		1 2 3 / 4 5	1													
			2													
		1 2 3 / 4 5	1													
			2													
		1 2 3 / 4 5	1													
			2													
		1 2 3 / 4 5	1													
			2													
		1 2 3 / 4 5	1													
			2													
		1 2 3 / 4 5	1													
			2													
		1 2 3 / 4 5	1													
			2													
		1 2 3 / 4 5	1													
			2													
		1 2 3 / 4 5	1													
			2													
		1 2 3 / 4 5	1													
			2													
		1 2 3 / 4 5	1													
			2													

Team Totals

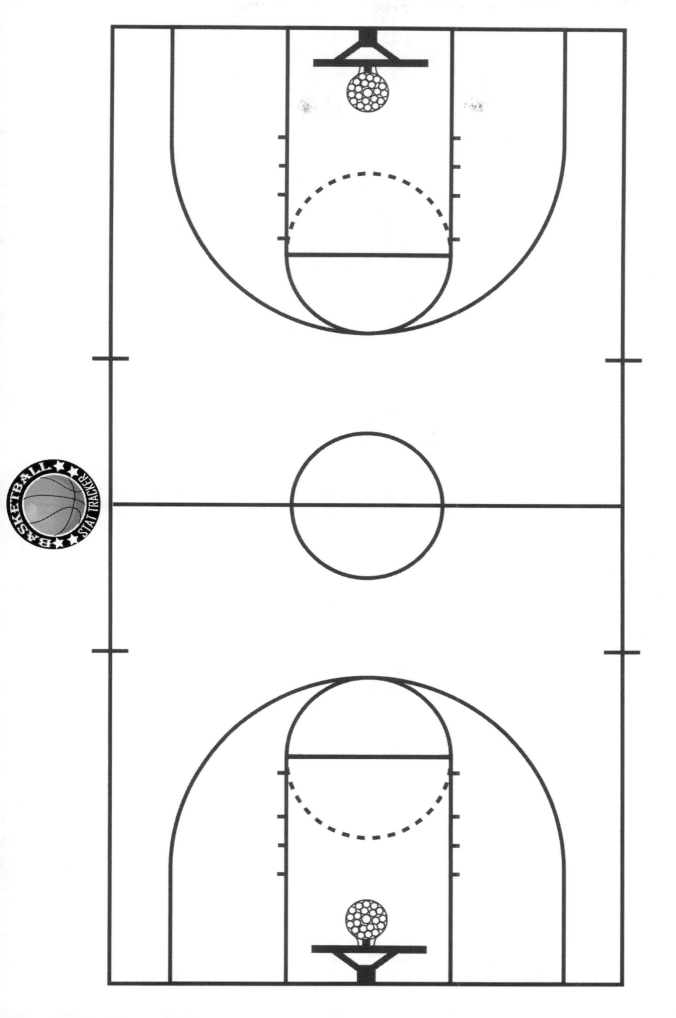

BASKETBALL STAT TRACKER

LOCATION			DATE			
VISITORS			FINAL			
HOME			HALF			

SCORE

Nº	PLAYER	FLS			HALF	2-POINT FG		3-POINT FG		FREE THROW		REBOUND		AST	TO	STL	BLK	TOTAL POINTS
						ATTEMPT	MADE	ATTEMPT	MADE	ATTEMPT	MADE	O	D					
		1 2 3	1															
		4 5	2															
		1 2 3	1															
		4 5	2															
		1 2 3	1															
		4 5	2															
		1 2 3	1															
		4 5	2															
		1 2 3	1															
		4 5	2															
		1 2 3	1															
		4 5	2															
		1 2 3	1															
		4 5	2															
		1 2 3	1															
		4 5	2															
		1 2 3	1															
		4 5	2															
		1 2 3	1															
		4 5	2															
		1 2 3	1															
		4 5	2															
		1 2 3	1															
		4 5	2															

Team Totals

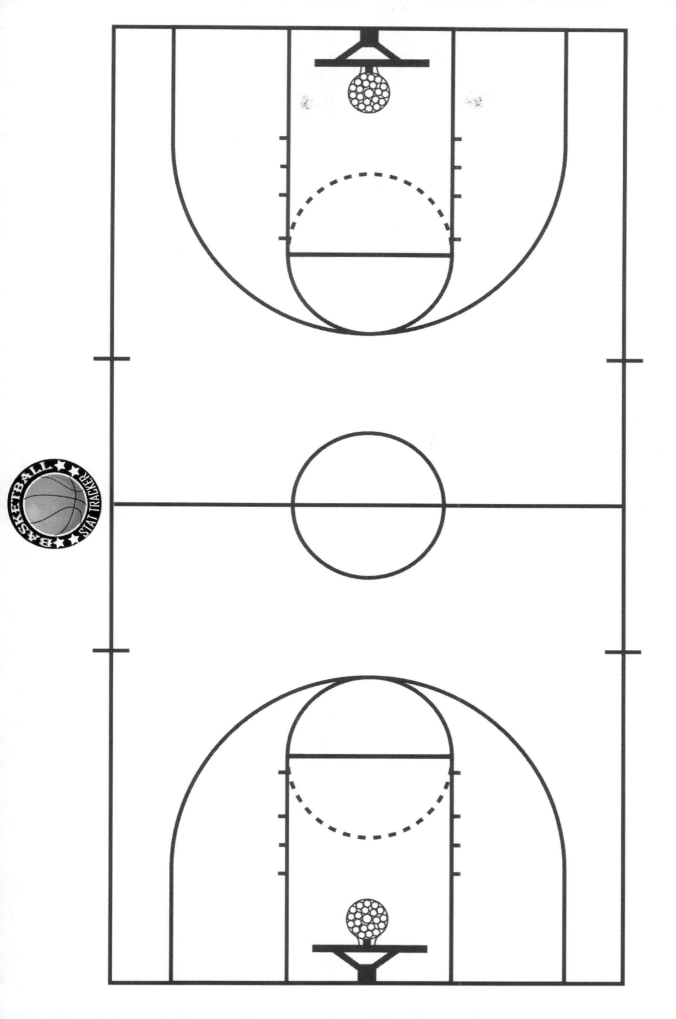

BASKETBALL STAT TRACKER

LOCATION				
VISITORS		DATE		
HOME		FINAL	HALF	SCORE

PLAYER	N°	FLS	HALF	2-POINT FG		3-POINT FG		FREE THROW		REBOUND		AST	TO	STL	BLK	TOTAL POINTS
				ATTEMPT	MADE	ATTEMPT	MADE	ATTEMPT	MADE	O	D					
		1 2 3 / 4 5	1 / 2													
		1 2 3 / 4 5	1 / 2													
		1 2 3 / 4 5	1 / 2													
		1 2 3 / 4 5	1 / 2													
		1 2 3 / 4 5	1 / 2													
		1 2 3 / 4 5	1 / 2													
		1 2 3 / 4 5	1 / 2													
		1 2 3 / 4 5	1 / 2													
		1 2 3 / 4 5	1 / 2													
		1 2 3 / 4 5	1 / 2													
		1 2 3 / 4 5	1 / 2													
		1 2 3 / 4 5	1 / 2													
Team Totals																

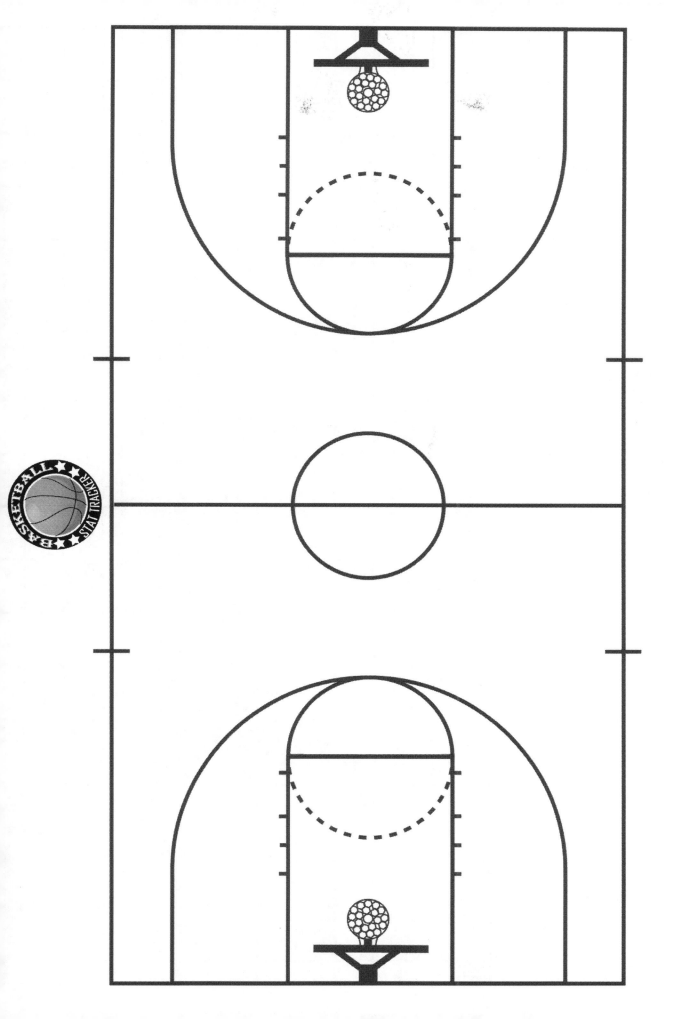

BASKETBALL STAT TRACKER

LOCATION		DATE				
VISITORS		FINAL				
HOME		HALF				
		SCORE				

Nº	PLAYER	FLS			HALF	2-POINT FG		3-POINT FG		FREE THROW		REBOUND		AST	TO	STL	BLK	TOTAL POINTS
						ATTEMPT	MADE	ATTEMPT	MADE	ATTEMPT	MADE	O	D					
		1	2	3	1													
		4	5		2													
		1	2	3	1													
		4	5		2													
		1	2	3	1													
		4	5		2													
		1	2	3	1													
		4	5		2													
		1	2	3	1													
		4	5		2													
		1	2	3	1													
		4	5		2													
		1	2	3	1													
		4	5		2													
		1	2	3	1													
		4	5		2													
		1	2	3	1													
		4	5		2													
		1	2	3	1													
		4	5		2													
		1	2	3	1													
		4	5		2													
		1	2	3	1													
		4	5		2													
		1	2	3	1													
		4	5		2													
	Team Totals																	

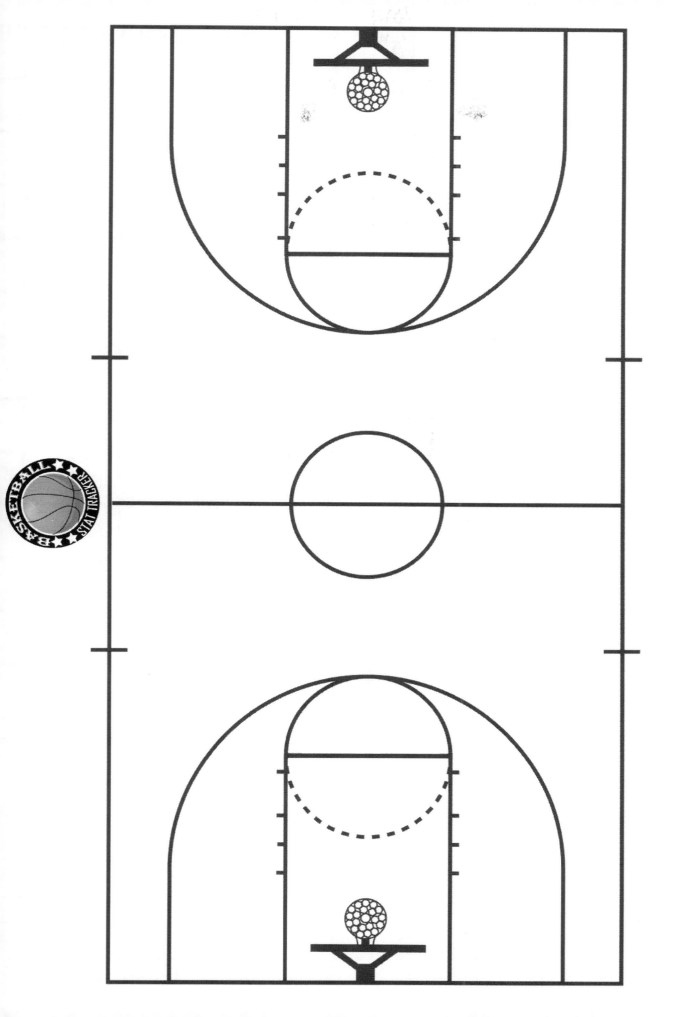

BASKETBALL STAT TRACKER

LOCATION		
VISITORS		
HOME		

	HALF	FINAL	DATE
SCORE			

N°	PLAYER	FLS	HALF	2-POINT FG		3-POINT FG		FREE THROW		REBOUND		AST	TO	STL	BLK	TOTAL POINTS
				ATTEMPT	MADE	ATTEMPT	MADE	ATTEMPT	MADE	O	D					
		1 2 3 / 4 5	1													
			2													
		1 2 3 / 4 5	1													
			2													
		1 2 3 / 4 5	1													
			2													
		1 2 3 / 4 5	1													
			2													
		1 2 3 / 4 5	1													
			2													
		1 2 3 / 4 5	1													
			2													
		1 2 3 / 4 5	1													
			2													
		1 2 3 / 4 5	1													
			2													
		1 2 3 / 4 5	1													
			2													
		1 2 3 / 4 5	1													
			2													
		1 2 3 / 4 5	1													
			2													
		1 2 3 / 4 5	1													
			2													
		1 2 3 / 4 5	1													
			2													
	Team Totals															

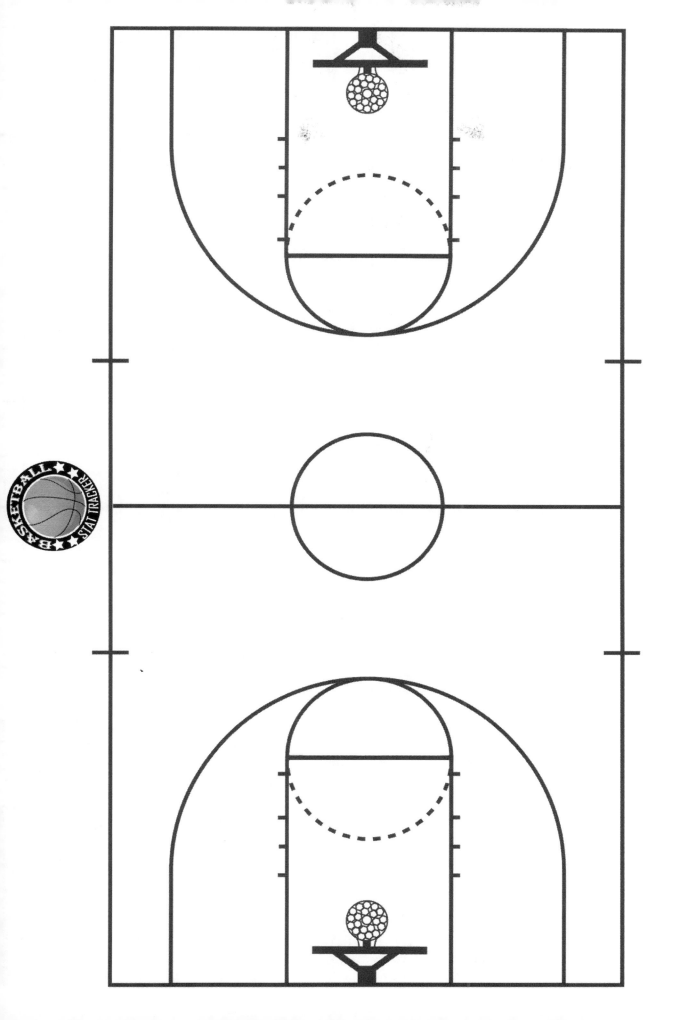

BASKETBALL STAT TRACKER

LOCATION			DATE		FINAL	HALF		SCORE
VISITORS								
HOME								

N°	PLAYER	FLS	HALF	2-POINT FG		3-POINT FG		FREE THROW		REBOUND		AST	TO	STL	BLK	TOTAL POINTS
				ATTEMPT	MADE	ATTEMPT	MADE	ATTEMPT	MADE	O	D					
		1 2 3 / 4 5	1													
			2													
		1 2 3 / 4 5	1													
			2													
		1 2 3 / 4 5	1													
			2													
		1 2 3 / 4 5	1													
			2													
		1 2 3 / 4 5	1													
			2													
		1 2 3 / 4 5	1													
			2													
		1 2 3 / 4 5	1													
			2													
		1 2 3 / 4 5	1													
			2													
		1 2 3 / 4 5	1													
			2													
		1 2 3 / 4 5	1													
			2													
		1 2 3 / 4 5	1													
			2													
Team Totals																

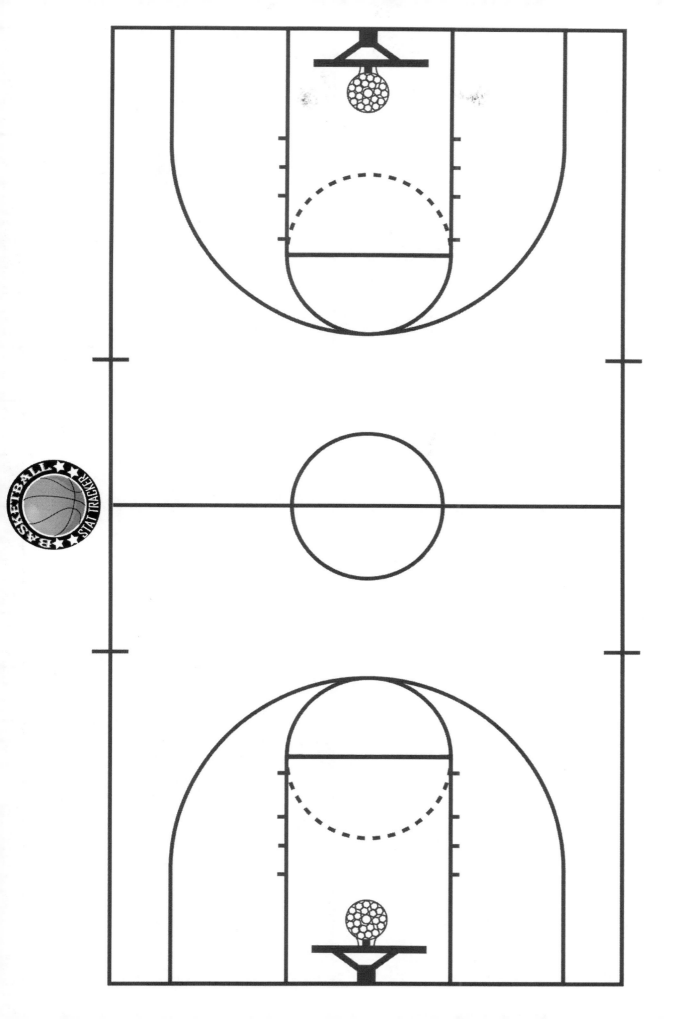

BASKETBALL STAT TRACKER

LOCATION		
VISITORS		
HOME		

	HALF	FINAL	DATE
SCORE			

N°	PLAYER	FLS			HALF	2-POINT FG		3-POINT FG		FREE THROW		REBOUND		AST	TO	STL	BLK	TOTAL POINTS
						ATTEMPT	MADE	ATTEMPT	MADE	ATTEMPT	MADE	O	D					
		1 2 3 / 4 5			1 / 2													
		1 2 3 / 4 5			1 / 2													
		1 2 3 / 4 5			1 / 2													
		1 2 3 / 4 5			1 / 2													
		1 2 3 / 4 5			1 / 2													
		1 2 3 / 4 5			1 / 2													
		1 2 3 / 4 5			1 / 2													
		1 2 3 / 4 5			1 / 2													
		1 2 3 / 4 5			1 / 2													
		1 2 3 / 4 5			1 / 2													
		1 2 3 / 4 5			1 / 2													
		1 2 3 / 4 5			1 / 2													
		1 2 3 / 4 5			1 / 2													
		1 2 3 / 4 5			1 / 2													
	Team Totals																	

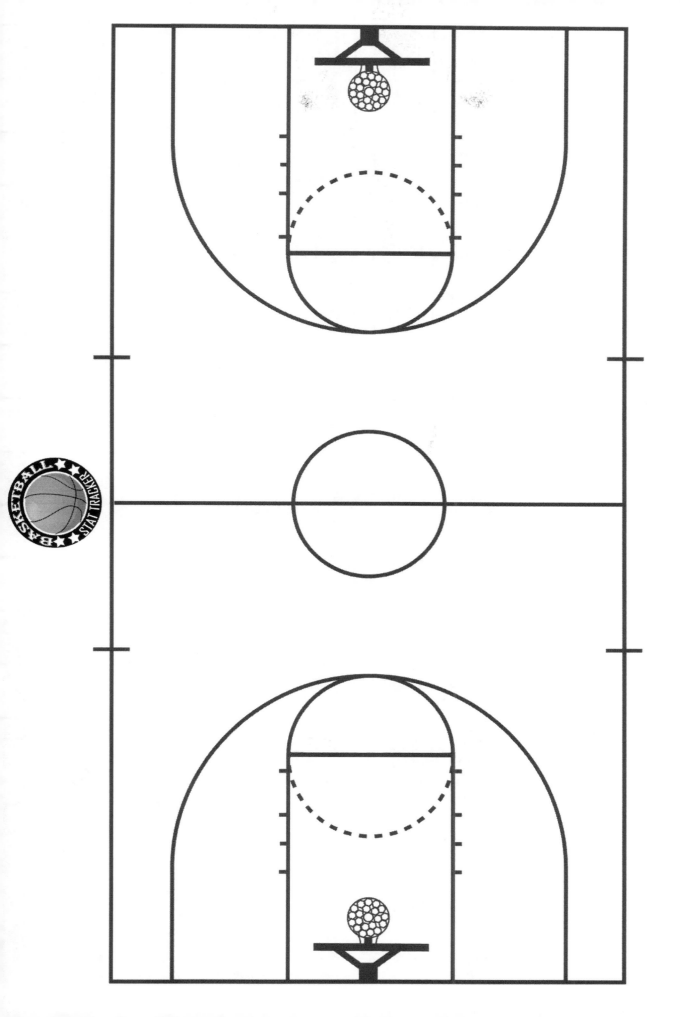

BASKETBALL STAT TRACKER

LOCATION: _____

VISITORS: _____
HOME: _____

DATE: _____
FINAL: _____
HALF: _____

SCORE

N°	PLAYER	FLS	HALF	2-POINT FG		3-POINT FG		FREE THROW		REBOUND		AST	TO	STL	BLK	TOTAL POINTS
				ATTEMPT	MADE	ATTEMPT	MADE	ATTEMPT	MADE	O	D					
		1 2 3 / 4 5	1													
			2													
		1 2 3 / 4 5	1													
			2													
		1 2 3 / 4 5	1													
			2													
		1 2 3 / 4 5	1													
			2													
		1 2 3 / 4 5	1													
			2													
		1 2 3 / 4 5	1													
			2													
		1 2 3 / 4 5	1													
			2													
		1 2 3 / 4 5	1													
			2													
		1 2 3 / 4 5	1													
			2													
		1 2 3 / 4 5	1													
			2													
		1 2 3 / 4 5	1													
			2													
		1 2 3 / 4 5	1													
			2													
		1 2 3 / 4 5	1													
			2													
	Team Totals															

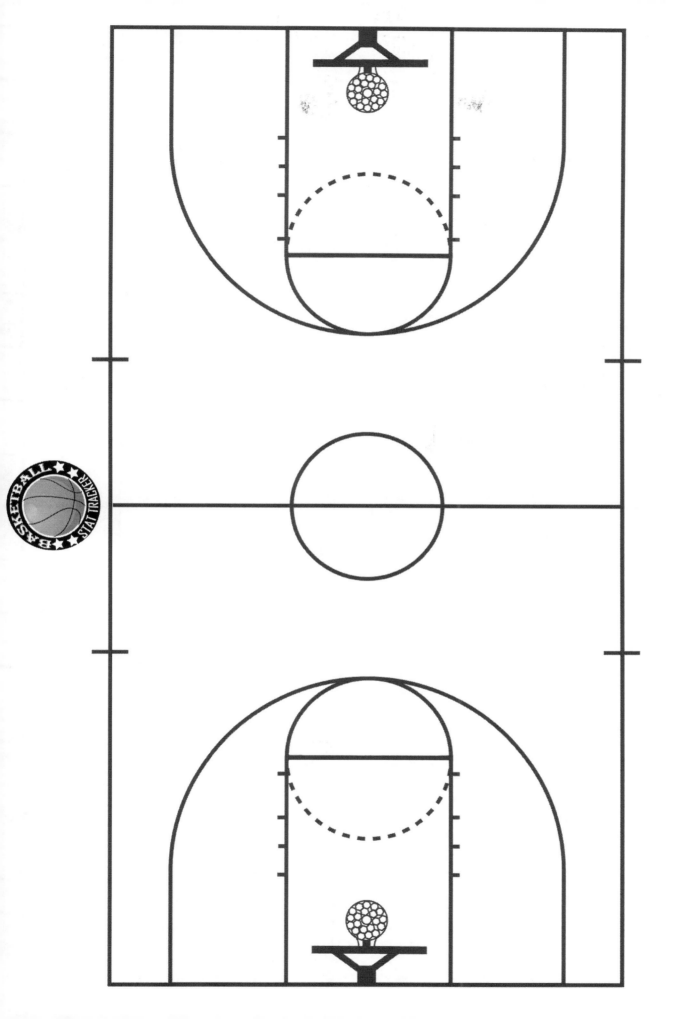

BASKETBALL STAT TRACKER

LOCATION _____

VISITORS _____

HOME _____

	HALF	FINAL	DATE
SCORE			

PLAYER	N°	FLS	HALF	2-POINT FG		3-POINT FG		FREE THROW		REBOUND		AST	TO	STL	BLK	TOTAL POINTS
				ATTEMPT	MADE	ATTEMPT	MADE	ATTEMPT	MADE	O	D					
		1 2 3 / 4 5	1 / 2													
		1 2 3 / 4 5	1 / 2													
		1 2 3 / 4 5	1 / 2													
		1 2 3 / 4 5	1 / 2													
		1 2 3 / 4 5	1 / 2													
		1 2 3 / 4 5	1 / 2													
		1 2 3 / 4 5	1 / 2													
		1 2 3 / 4 5	1 / 2													
		1 2 3 / 4 5	1 / 2													
		1 2 3 / 4 5	1 / 2													
		1 2 3 / 4 5	1 / 2													
		1 2 3 / 4 5	1 / 2													
Team Totals																

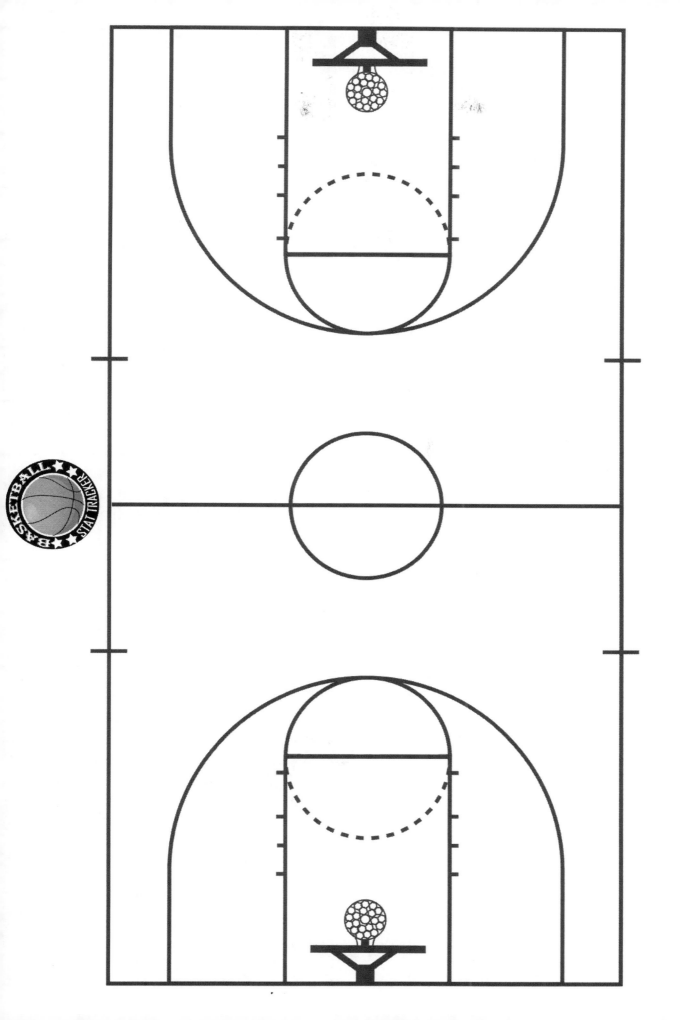

BASKETBALL STAT TRACKER

LOCATION				DATE				
VISITORS				FINAL				
HOME			SCORE	HALF				

N°	PLAYER	FLS	HALF	2-POINT FG		3-POINT FG		FREE THROW		REBOUND		AST	TO	STL	BLK	TOTAL POINTS
				ATTEMPT	MADE	ATTEMPT	MADE	ATTEMPT	MADE	O	D					
		1 2 3 / 4 5	1 / 2													
		1 2 3 / 4 5	1 / 2													
		1 2 3 / 4 5	1 / 2													
		1 2 3 / 4 5	1 / 2													
		1 2 3 / 4 5	1 / 2													
		1 2 3 / 4 5	1 / 2													
		1 2 3 / 4 5	1 / 2													
		1 2 3 / 4 5	1 / 2													
		1 2 3 / 4 5	1 / 2													
		1 2 3 / 4 5	1 / 2													
		1 2 3 / 4 5	1 / 2													
		1 2 3 / 4 5	1 / 2													
		1 2 3 / 4 5	1 / 2													
	Team Totals															

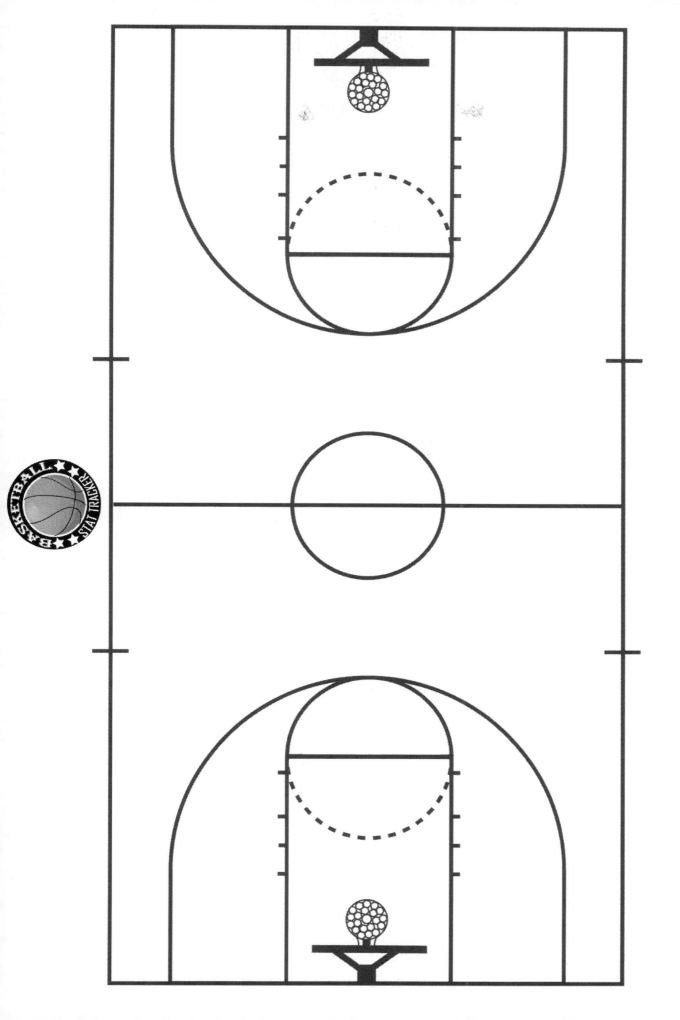

BASKETBALL STAT TRACKER

LOCATION _____

VISITORS _____

HOME _____

DATE _____

	SCORE	HALF	FINAL
VISITORS			
HOME			

Nº	PLAYER	FLS			HALF	2-POINT FG		3-POINT FG		FREE THROW		REBOUND		AST	TO	STL	BLK	TOTAL POINTS
						ATTEMPT	MADE	ATTEMPT	MADE	ATTEMPT	MADE	O	D					
		1 2 3 / 4 5			1													
					2													
		1 2 3 / 4 5			1													
					2													
		1 2 3 / 4 5			1													
					2													
		1 2 3 / 4 5			1													
					2													
		1 2 3 / 4 5			1													
					2													
		1 2 3 / 4 5			1													
					2													
		1 2 3 / 4 5			1													
					2													
		1 2 3 / 4 5			1													
					2													
		1 2 3 / 4 5			1													
					2													
		1 2 3 / 4 5			1													
					2													
		1 2 3 / 4 5			1													
					2													
		1 2 3 / 4 5			1													
					2													
Team Totals																		

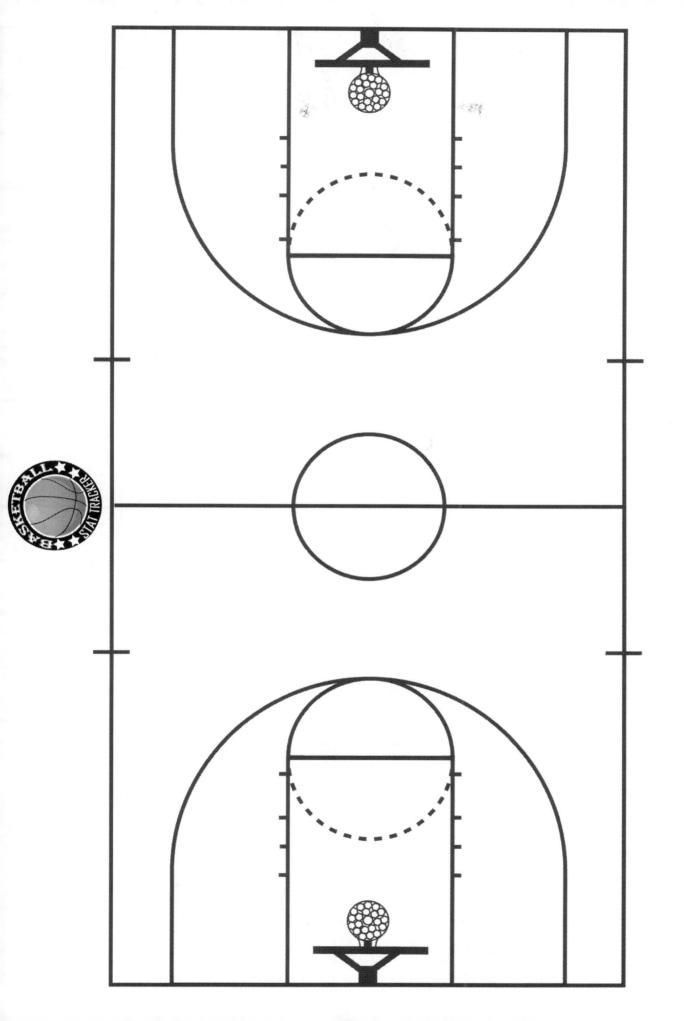

BASKETBALL STAT TRACKER

LOCATION				DATE		
VISITORS						
HOME						

			HALF	FINAL		
SCORE						

N°	PLAYER	FLS	HALF	2-POINT FG		3-POINT FG		FREE THROW		REBOUND		AST	TO	STL	BLK	TOTAL POINTS
				ATTEMPT	MADE	ATTEMPT	MADE	ATTEMPT	MADE	O	D					
		1 2 3 / 4 5	1													
			2													
		1 2 3 / 4 5	1													
			2													
		1 2 3 / 4 5	1													
			2													
		1 2 3 / 4 5	1													
			2													
		1 2 3 / 4 5	1													
			2													
		1 2 3 / 4 5	1													
			2													
		1 2 3 / 4 5	1													
			2													
		1 2 3 / 4 5	1													
			2													
		1 2 3 / 4 5	1													
			2													
		1 2 3 / 4 5	1													
			2													
		1 2 3 / 4 5	1													
			2													
		1 2 3 / 4 5	1													
			2													
	Team Totals															

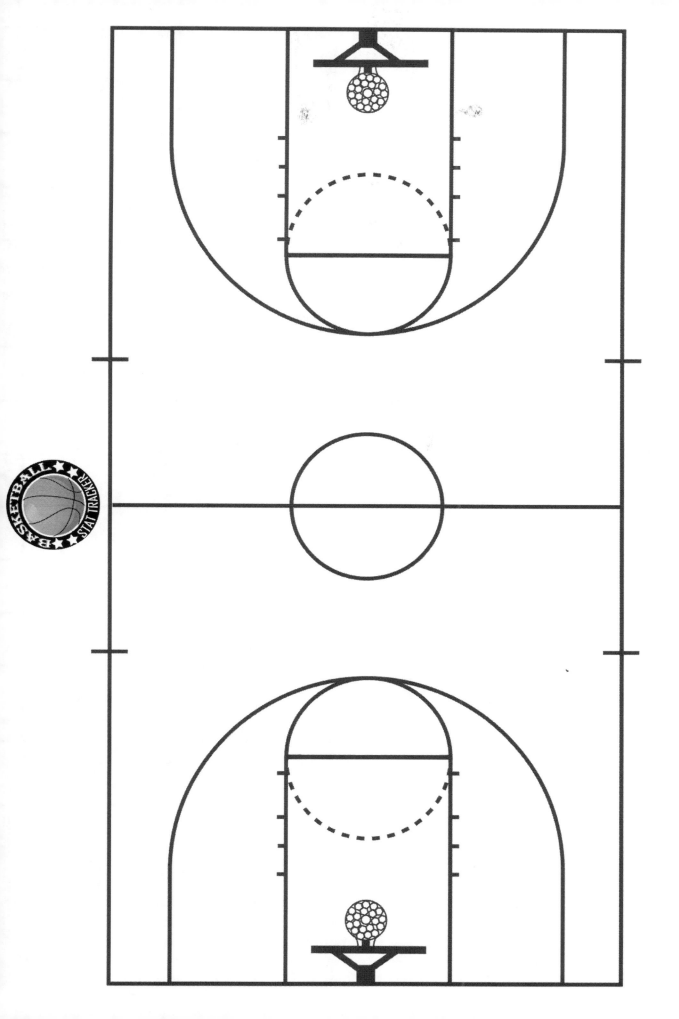

BASKETBALL STAT TRACKER

LOCATION				DATE				
VISITORS		FINAL	HALF					
HOME								

					SCORE			

N°	PLAYER	FLS	HALF	2-POINT FG		3-POINT FG		FREE THROW		REBOUND		AST	TO	STL	BLK	TOTAL POINTS
---	---	---	---	ATTEMPT	MADE	ATTEMPT	MADE	ATTEMPT	MADE	O	D					
		1 2 3 / 4 5	1 / 2													
		1 2 3 / 4 5	1 / 2													
		1 2 3 / 4 5	1 / 2													
		1 2 3 / 4 5	1 / 2													
		1 2 3 / 4 5	1 / 2													
		1 2 3 / 4 5	1 / 2													
		1 2 3 / 4 5	1 / 2													
		1 2 3 / 4 5	1 / 2													
		1 2 3 / 4 5	1 / 2													
		1 2 3 / 4 5	1 / 2													
		1 2 3 / 4 5	1 / 2													
		1 2 3 / 4 5	1 / 2													
		1 2 3 / 4 5	1 / 2													
	Team Totals															

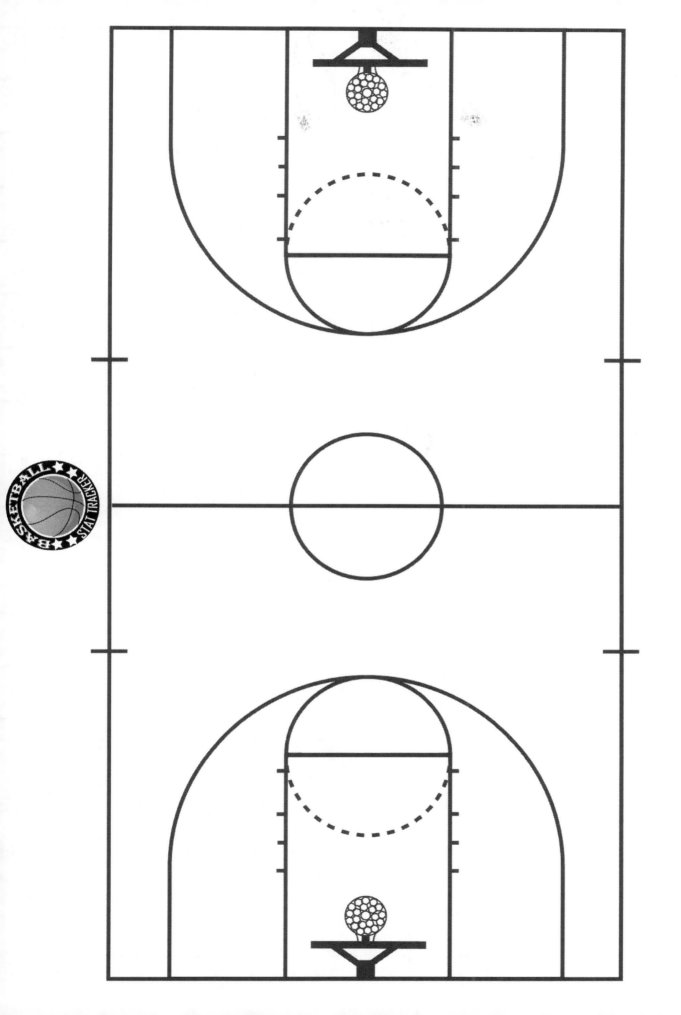

BASKETBALL STAT TRACKER

LOCATION	
VISITORS	
HOME	

HALF	FINAL	DATE

SCORE

Nº	PLAYER	FLS	HALF	2-POINT FG		3-POINT FG		FREE THROW		REBOUND		AST	TO	STL	BLK	TOTAL POINTS
				ATTEMPT	MADE	ATTEMPT	MADE	ATTEMPT	MADE	O	D					
		1 2 3 / 4 5	1													
			2													
		1 2 3 / 4 5	1													
			2													
		1 2 3 / 4 5	1													
			2													
		1 2 3 / 4 5	1													
			2													
		1 2 3 / 4 5	1													
			2													
		1 2 3 / 4 5	1													
			2													
		1 2 3 / 4 5	1													
			2													
		1 2 3 / 4 5	1													
			2													
		1 2 3 / 4 5	1													
			2													
		1 2 3 / 4 5	1													
			2													
		1 2 3 / 4 5	1													
			2													
		1 2 3 / 4 5	1													
			2													
		1 2 3 / 4 5	1													
			2													

Team Totals

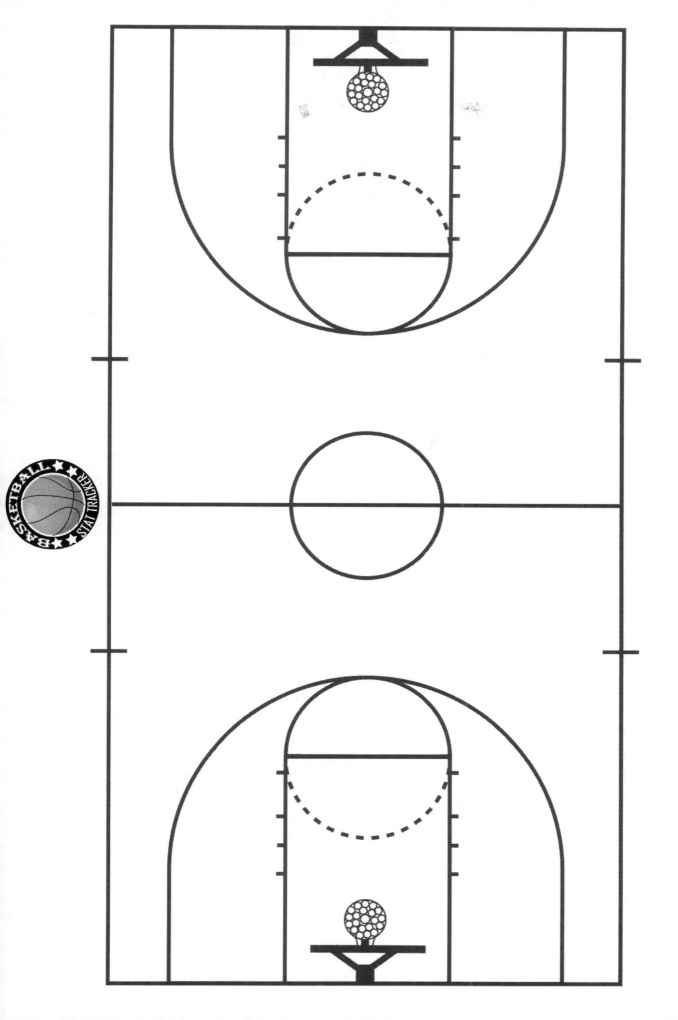

BASKETBALL STAT TRACKER

LOCATION			DATE		
VISITORS			FINAL	HALF	
HOME					

Nº	PLAYER	FLS	HALF	2-POINT FG		3-POINT FG		FREE THROW		REBOUND		AST	TO	STL	BLK	TOTAL POINTS
				ATTEMPT	MADE	ATTEMPT	MADE	ATTEMPT	MADE	O	D					
		1 2 3 / 4 5	1													
			2													
		1 2 3 / 4 5	1													
			2													
		1 2 3 / 4 5	1													
			2													
		1 2 3 / 4 5	1													
			2													
		1 2 3 / 4 5	1													
			2													
		1 2 3 / 4 5	1													
			2													
		1 2 3 / 4 5	1													
			2													
		1 2 3 / 4 5	1													
			2													
		1 2 3 / 4 5	1													
			2													
		1 2 3 / 4 5	1													
			2													
		1 2 3 / 4 5	1													
			2													
		1 2 3 / 4 5	1													
			2													
		1 2 3 / 4 5	1													
			2													
		1 2 3 / 4 5	1													
			2													

Team Totals

SCORE

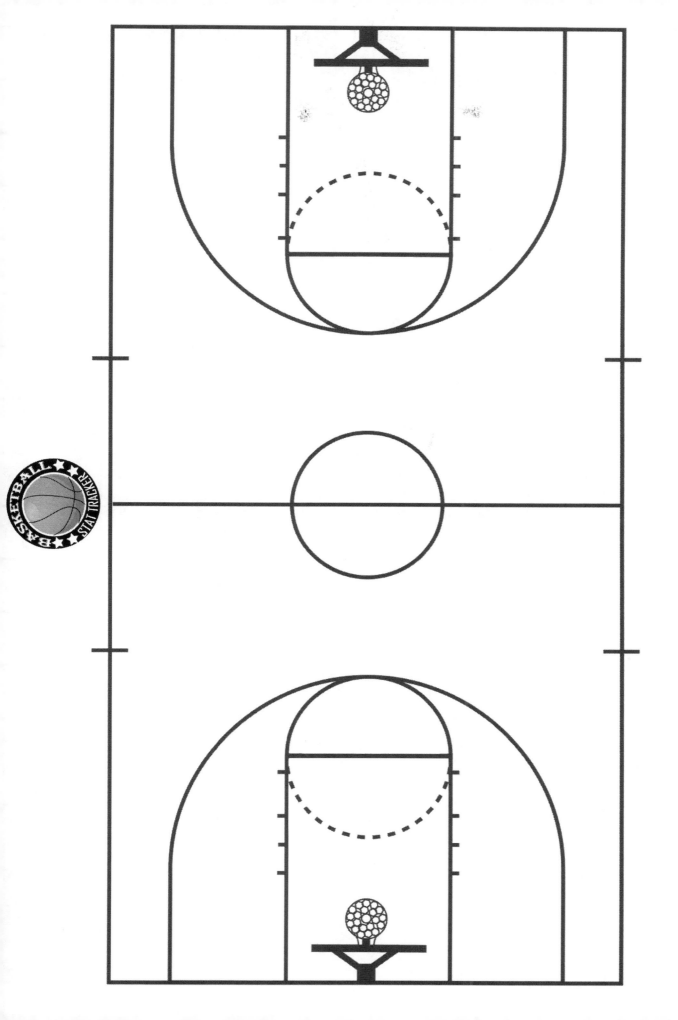

BASKETBALL STAT TRACKER

LOCATION

VISITORS

HOME

DATE

FINAL

HALF

SCORE

N°	PLAYER	FLS			HALF	2-POINT FG		3-POINT FG		FREE THROW		REBOUND		AST	TO	STL	BLK	TOTAL POINTS
						ATTEMPT	MADE	ATTEMPT	MADE	ATTEMPT	MADE	O	D					
		1 2 3	1 2		1													
		4 5	4 5		2													
		1 2 3	1 2		1													
		4 5	4 5		2													
		1 2 3	1 2		1													
		4 5	4 5		2													
		1 2 3	1 2		1													
		4 5	4 5		2													
		1 2 3	1 2		1													
		4 5	4 5		2													
		1 2 3	1 2		1													
		4 5	4 5		2													
		1 2 3	1 2		1													
		4 5	4 5		2													
		1 2 3	1 2		1													
		4 5	4 5		2													
		1 2 3	1 2		1													
		4 5	4 5		2													
		1 2 3	1 2		1													
		4 5	4 5		2													
		1 2 3	1 2		1													
		4 5	4 5		2													
		1 2 3	1 2		1													
		4 5	4 5		2													

Team Totals

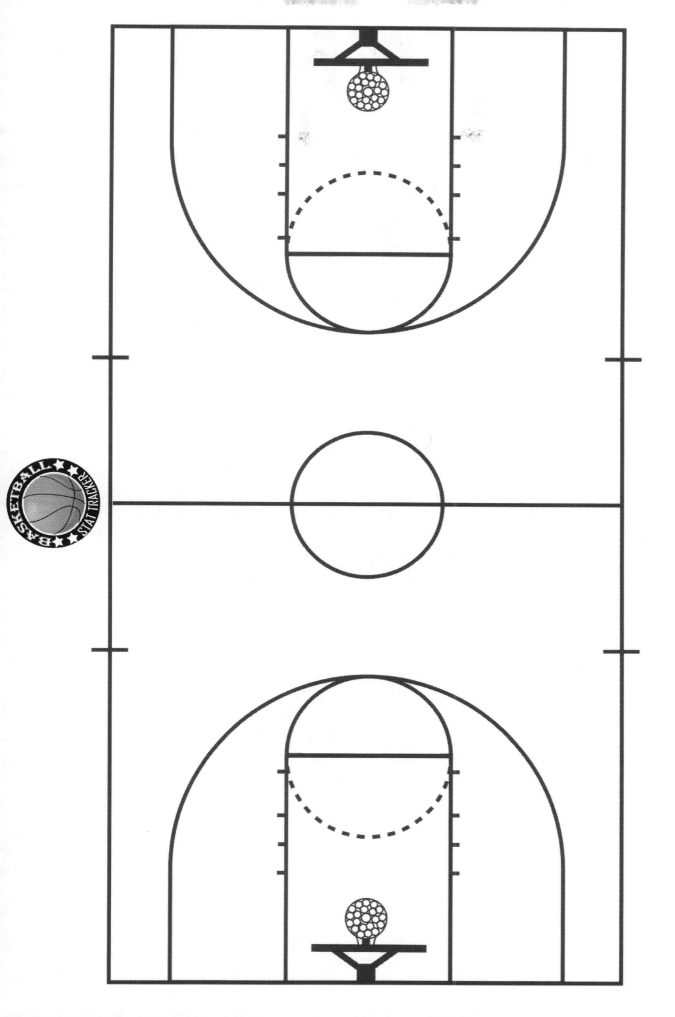

BASKETBALL STAT TRACKER

LOCATION		
VISITORS		
HOME		

	SCORE	HALF	FINAL
VISITORS			
HOME			

DATE

Nº	PLAYER	FLS	HALF	2-POINT FG		3-POINT FG		FREE THROW		REBOUND		AST	TO	STL	BLK	TOTAL POINTS
				ATTEMPT	MADE	ATTEMPT	MADE	ATTEMPT	MADE	O	D					
		1 2 3 / 4 5	1													
			2													
		1 2 3 / 4 5	1													
			2													
		1 2 3 / 4 5	1													
			2													
		1 2 3 / 4 5	1													
			2													
		1 2 3 / 4 5	1													
			2													
		1 2 3 / 4 5	1													
			2													
		1 2 3 / 4 5	1													
			2													
		1 2 3 / 4 5	1													
			2													
		1 2 3 / 4 5	1													
			2													
		1 2 3 / 4 5	1													
			2													
		1 2 3 / 4 5	1													
			2													
		1 2 3 / 4 5	1													
			2													
		1 2 3 / 4 5	1													
			2													
		1 2 3 / 4 5	1													
			2													

Team Totals

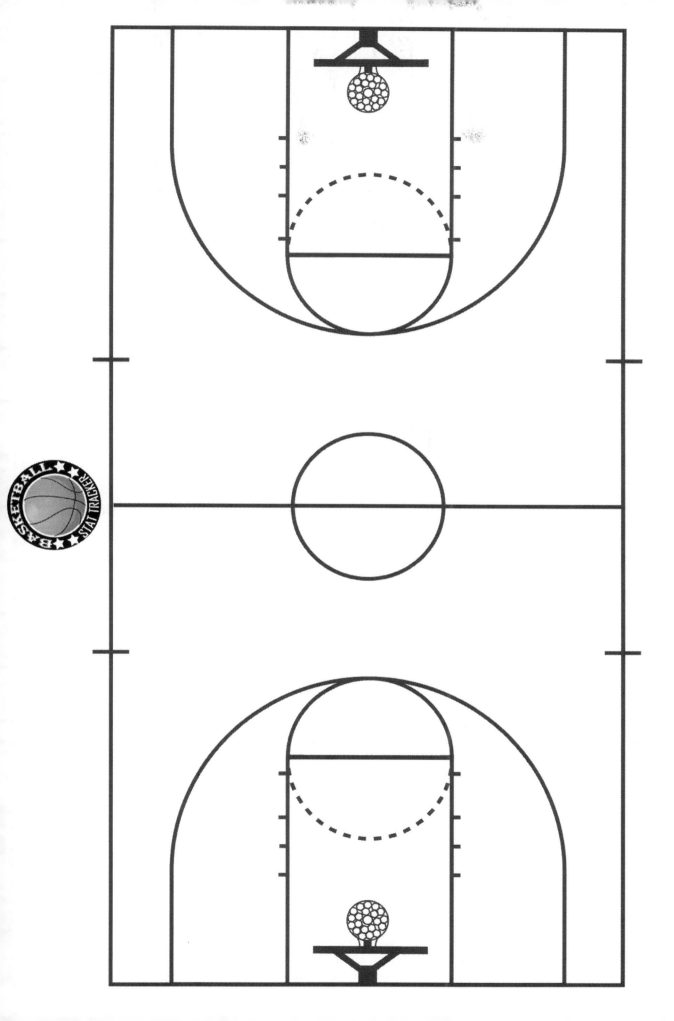

BASKETBALL STAT TRACKER

LOCATION														HALF	FINAL	DATE					
VISITORS																					
HOME																					

N°	PLAYER	FLS	HALF	2-POINT FG		3-POINT FG		FREE THROW		REBOUND		AST	TO	STL	BLK	TOTAL POINTS
				ATTEMPT	MADE	ATTEMPT	MADE	ATTEMPT	MADE	O	D					

SCORE

Team Totals

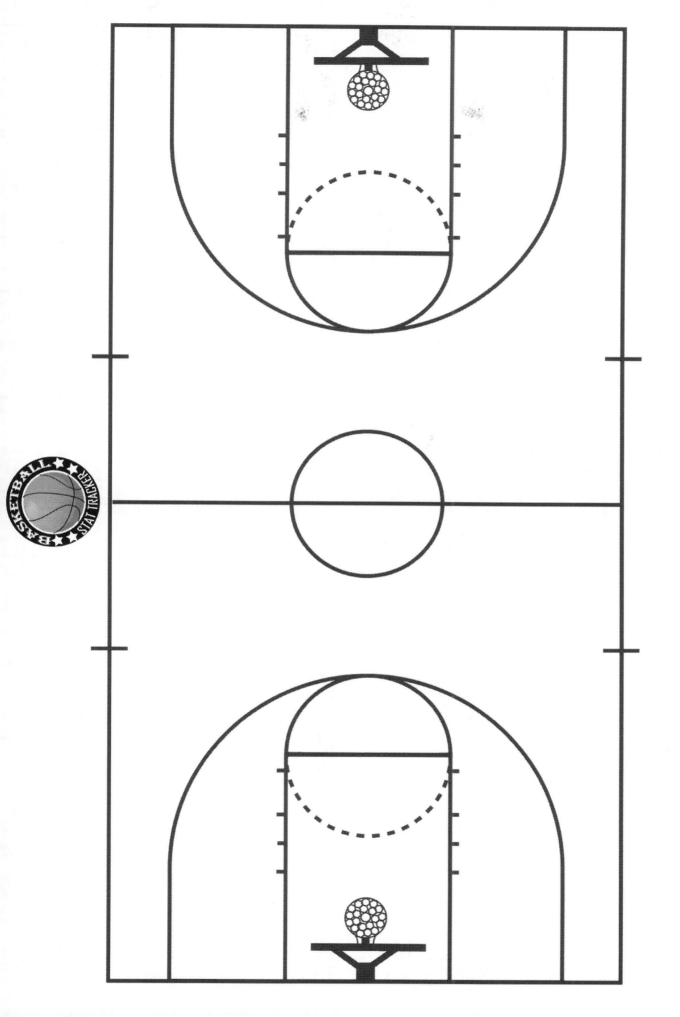

BASKETBALL STAT TRACKER

LOCATION		
VISITORS		
HOME		

	HALF	FINAL	DATE
SCORE			

PLAYER	N°	FLS	HALF	2-POINT FG		3-POINT FG		FREE THROW		REBOUND		AST	TO	STL	BLK	TOTAL POINTS
				ATTEMPT	MADE	ATTEMPT	MADE	ATTEMPT	MADE	O	D					
		1 2 3 4 5	1 2													
		1 2 3 4 5	1 2													
		1 2 3 4 5	1 2													
		1 2 3 4 5	1 2													
		1 2 3 4 5	1 2													
		1 2 3 4 5	1 2													
		1 2 3 4 5	1 2													
		1 2 3 4 5	1 2													
		1 2 3 4 5	1 2													
		1 2 3 4 5	1 2													
		1 2 3 4 5	1 2													
		1 2 3 4 5	1 2													
		1 2 3 4 5	1 2													
Team Totals																

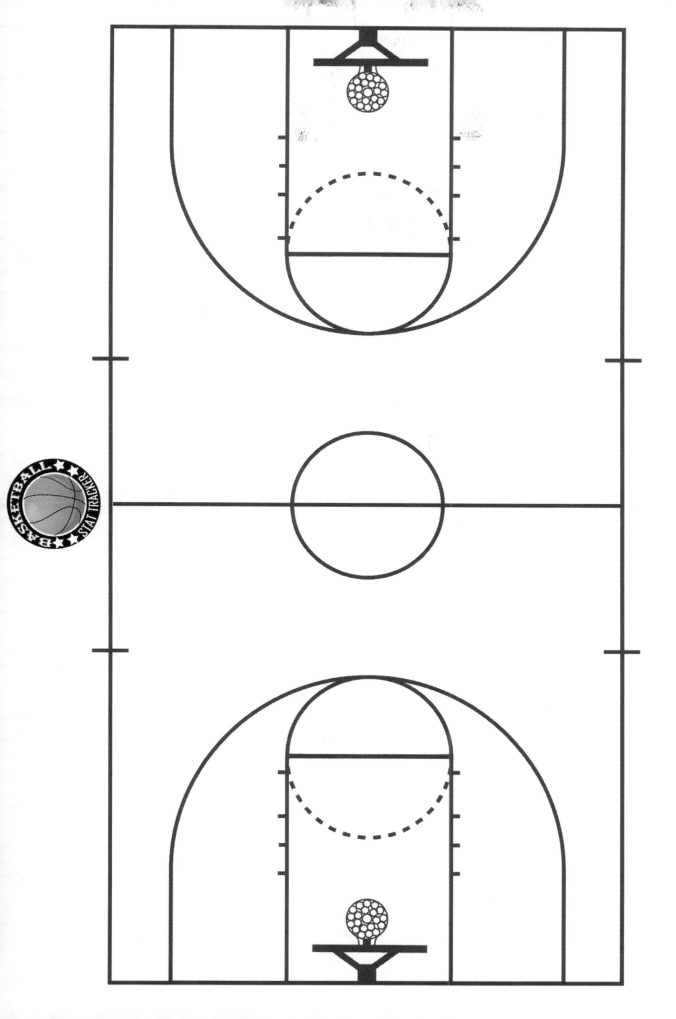

BASKETBALL STAT TRACKER

LOCATION		
VISITORS		
HOME		

	SCORE	HALF	FINAL

DATE		

N°	PLAYER	FLS	HALF	2-POINT FG		3-POINT FG		FREE THROW		REBOUND		AST	TO	STL	BLK	TOTAL POINTS
				ATTEMPT	MADE	ATTEMPT	MADE	ATTEMPT	MADE	O	D					
		1 2 3 / 4 5	1													
			2													
		1 2 3 / 4 5	1													
			2													
		1 2 3 / 4 5	1													
			2													
		1 2 3 / 4 5	1													
			2													
		1 2 3 / 4 5	1													
			2													
		1 2 3 / 4 5	1													
			2													
		1 2 3 / 4 5	1													
			2													
		1 2 3 / 4 5	1													
			2													
		1 2 3 / 4 5	1													
			2													
		1 2 3 / 4 5	1													
			2													
		1 2 3 / 4 5	1													
			2													
		1 2 3 / 4 5	1													
			2													
		1 2 3 / 4 5	1													
			2													

Team Totals

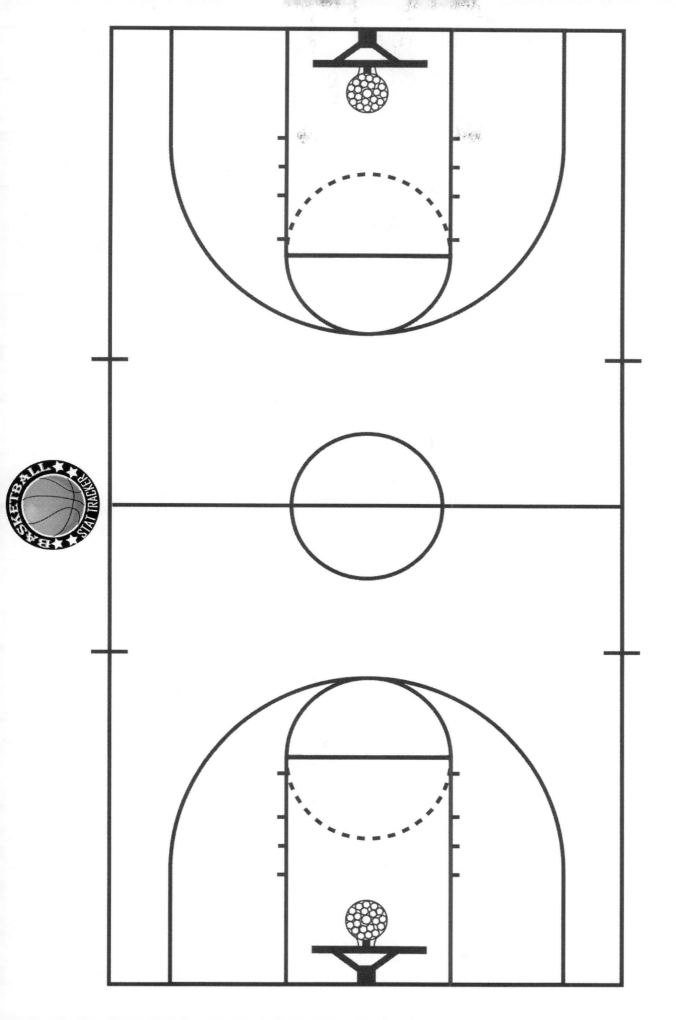

BASKETBALL STAT TRACKER

LOCATION					DATE		
VISITORS					HALF	FINAL	
HOME				SCORE			

N°	PLAYER	FLS			HALF	2-POINT FG		3-POINT FG		FREE THROW		REBOUND		AST	TO	STL	BLK	TOTAL POINTS
						ATTEMPT	MADE	ATTEMPT	MADE	ATTEMPT	MADE	O	D					
		1	2	3	1													
		4	5		2													
		1	2	3	1													
		4	5		2													
		1	2	3	1													
		4	5		2													
		1	2	3	1													
		4	5		2													
		1	2	3	1													
		4	5		2													
		1	2	3	1													
		4	5		2													
		1	2	3	1													
		4	5		2													
		1	2	3	1													
		4	5		2													
		1	2	3	1													
		4	5		2													
		1	2	3	1													
		4	5		2													
		1	2	3	1													
		4	5		2													
		1	2	3	1													
		4	5		2													
		1	2	3	1													
		4	5		2													
	Team Totals																	

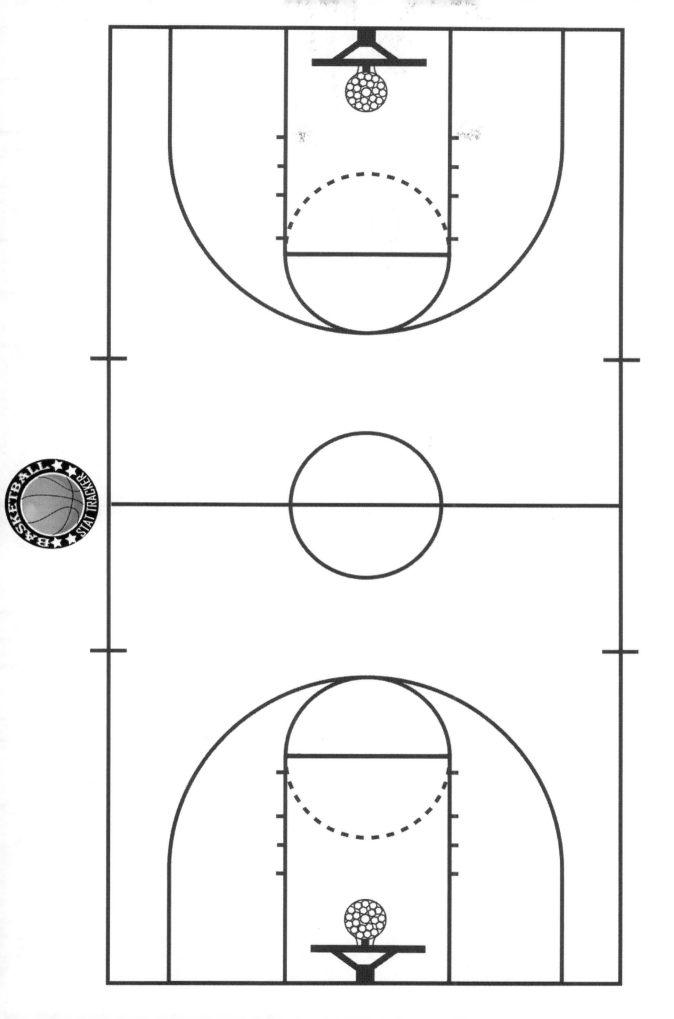

BASKETBALL STAT TRACKER

LOCATION		
VISITORS		
HOME		

	HALF	FINAL	DATE
SCORE			

N°	PLAYER	FLS	HALF	2-POINT FG		3-POINT FG		FREE THROW		REBOUND		AST	TO	STL	BLK	TOTAL POINTS
				ATTEMPT	MADE	ATTEMPT	MADE	ATTEMPT	MADE	O	D					
		1 2 3 / 4 5	1													
			2													
		1 2 3 / 4 5	1													
			2													
		1 2 3 / 4 5	1													
			2													
		1 2 3 / 4 5	1													
			2													
		1 2 3 / 4 5	1													
			2													
		1 2 3 / 4 5	1													
			2													
		1 2 3 / 4 5	1													
			2													
		1 2 3 / 4 5	1													
			2													
		1 2 3 / 4 5	1													
			2													
		1 2 3 / 4 5	1													
			2													
		1 2 3 / 4 5	1													
			2													
		1 2 3 / 4 5	1													
			2													
		1 2 3 / 4 5	1													
			2													
	Team Totals															

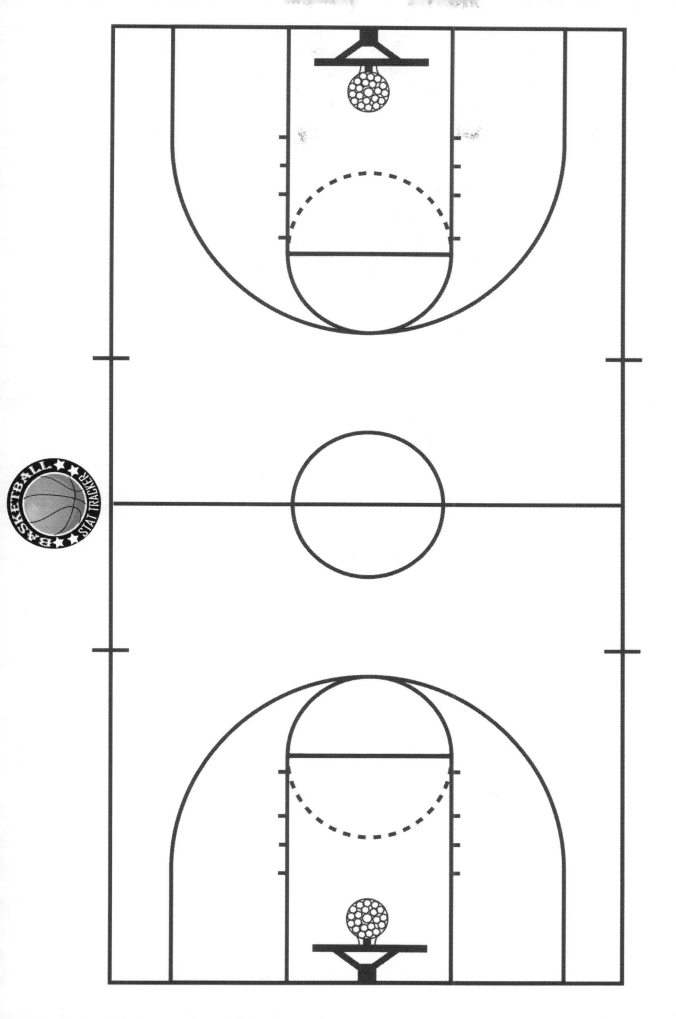

BASKETBALL STAT TRACKER

LOCATION		
VISITORS		
HOME		

HALF	FINAL	DATE

SCORE

Nº	PLAYER	FLS	HALF	2-POINT FG		3-POINT FG		FREE THROW		REBOUND		AST	TO	STL	BLK	TOTAL POINTS
				ATTEMPT	MADE	ATTEMPT	MADE	ATTEMPT	MADE	O	D					
		1 2 3 / 4 5	1													
			2													
		1 2 3 / 4 5	1													
			2													
		1 2 3 / 4 5	1													
			2													
		1 2 3 / 4 5	1													
			2													
		1 2 3 / 4 5	1													
			2													
		1 2 3 / 4 5	1													
			2													
		1 2 3 / 4 5	1													
			2													
		1 2 3 / 4 5	1													
			2													
		1 2 3 / 4 5	1													
			2													
		1 2 3 / 4 5	1													
			2													
		1 2 3 / 4 5	1													
			2													
		1 2 3 / 4 5	1													
			2													
		1 2 3 / 4 5	1													
			2													
	Team Totals															

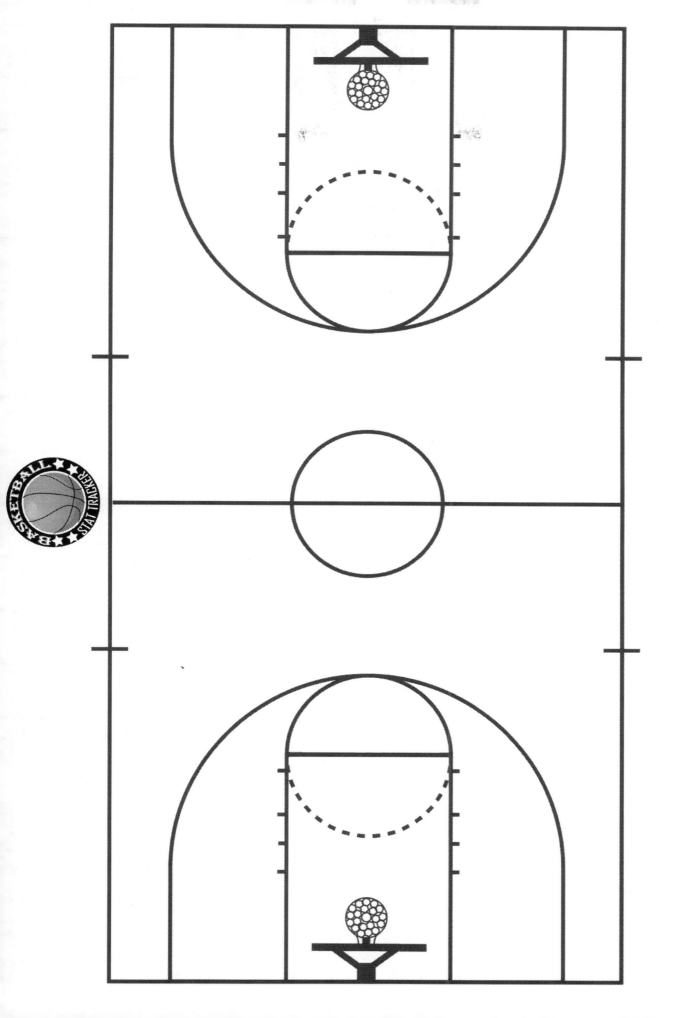

BASKETBALL STAT TRACKER

LOCATION:
VISITORS:
HOME:

	HALF	FINAL	DATE
SCORE			

PLAYER	N°	FLS	HALF	2-POINT FG		3-POINT FG		FREE THROW		REBOUND		AST	TO	STL	BLK	TOTAL POINTS
				ATTEMPT	MADE	ATTEMPT	MADE	ATTEMPT	MADE	O	D					

FLS: 1 2 3 4 5

HALF: 1 2

Team Totals

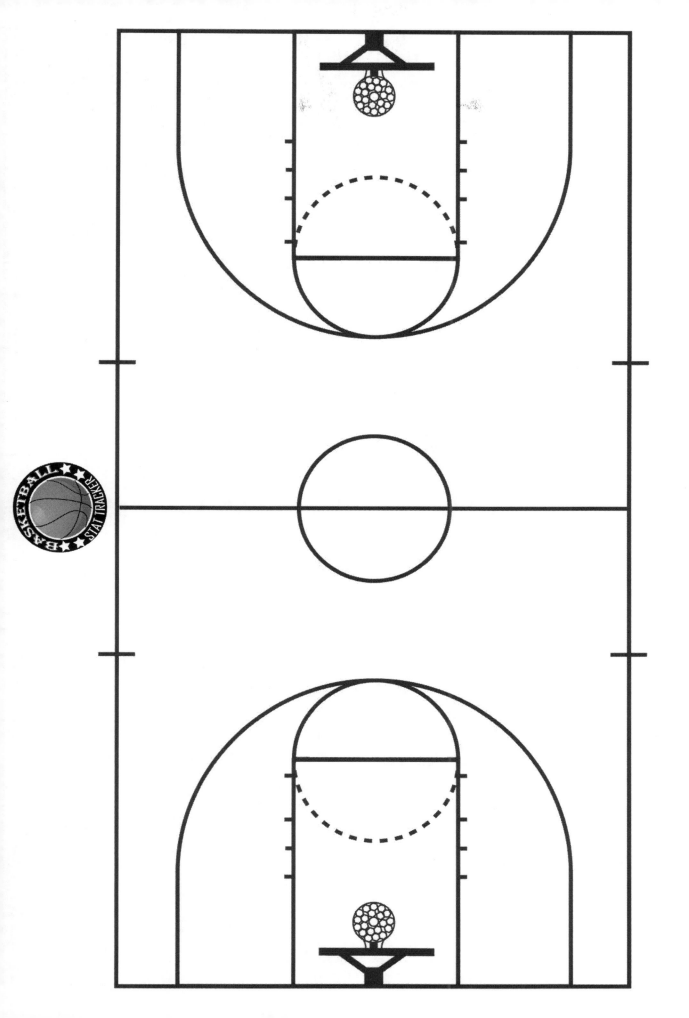

BASKETBALL STAT TRACKER

LOCATION		
VISITORS		
HOME		

DATE	FINAL	HALF	SCORE

Nº	PLAYER	FLS	HALF	2-POINT FG		3-POINT FG		FREE THROW		REBOUND		AST	TO	STL	BLK	TOTAL POINTS
				ATTEMPT	MADE	ATTEMPT	MADE	ATTEMPT	MADE	O	D					
		1 2 3 / 4 5	1													
			2													
		1 2 3 / 4 5	1													
			2													
		1 2 3 / 4 5	1													
			2													
		1 2 3 / 4 5	1													
			2													
		1 2 3 / 4 5	1													
			2													
		1 2 3 / 4 5	1													
			2													
		1 2 3 / 4 5	1													
			2													
		1 2 3 / 4 5	1													
			2													
		1 2 3 / 4 5	1													
			2													
		1 2 3 / 4 5	1													
			2													
		1 2 3 / 4 5	1													
			2													
		1 2 3 / 4 5	1													
			2													
	Team Totals															

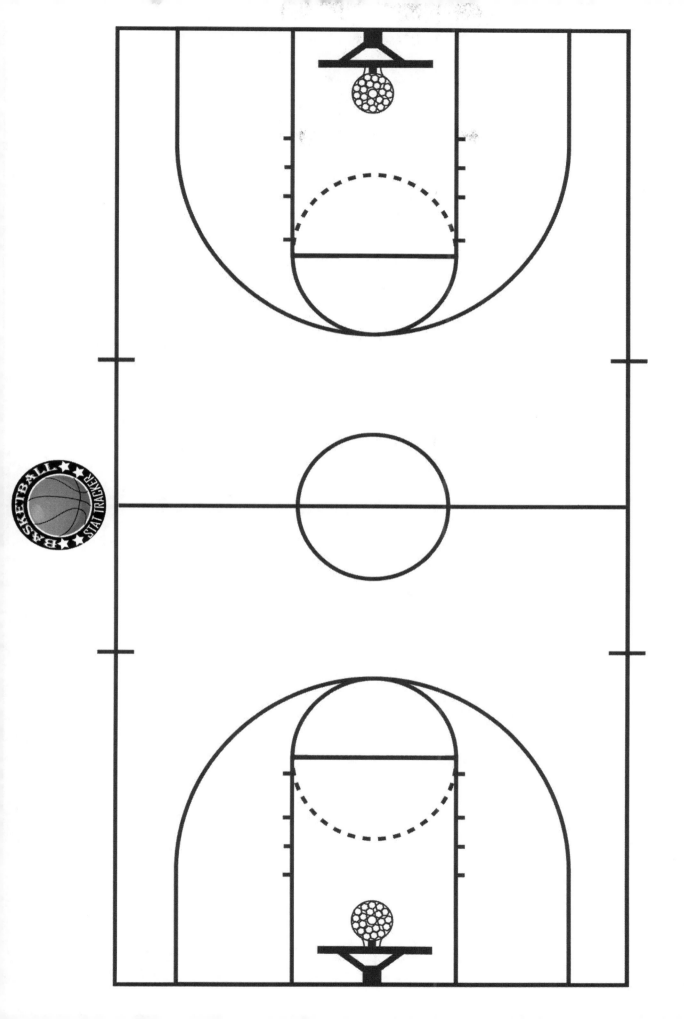

BASKETBALL STAT TRACKER

LOCATION:

VISITORS:

HOME:

HALF | FINAL | DATE

SCORE

N°	PLAYER	FLS	HALF	2-POINT FG		3-POINT FG		FREE THROW		REBOUND		AST	TO	STL	BLK	TOTAL POINTS
				ATTEMPT	MADE	ATTEMPT	MADE	ATTEMPT	MADE	O	D					
		1 2 3 / 4 5	1													
			2													
		1 2 3 / 4 5	1													
			2													
		1 2 3 / 4 5	1													
			2													
		1 2 3 / 4 5	1													
			2													
		1 2 3 / 4 5	1													
			2													
		1 2 3 / 4 5	1													
			2													
		1 2 3 / 4 5	1													
			2													
		1 2 3 / 4 5	1													
			2													
		1 2 3 / 4 5	1													
			2													
		1 2 3 / 4 5	1													
			2													
		1 2 3 / 4 5	1													
			2													
		1 2 3 / 4 5	1													
			2													
Team Totals																

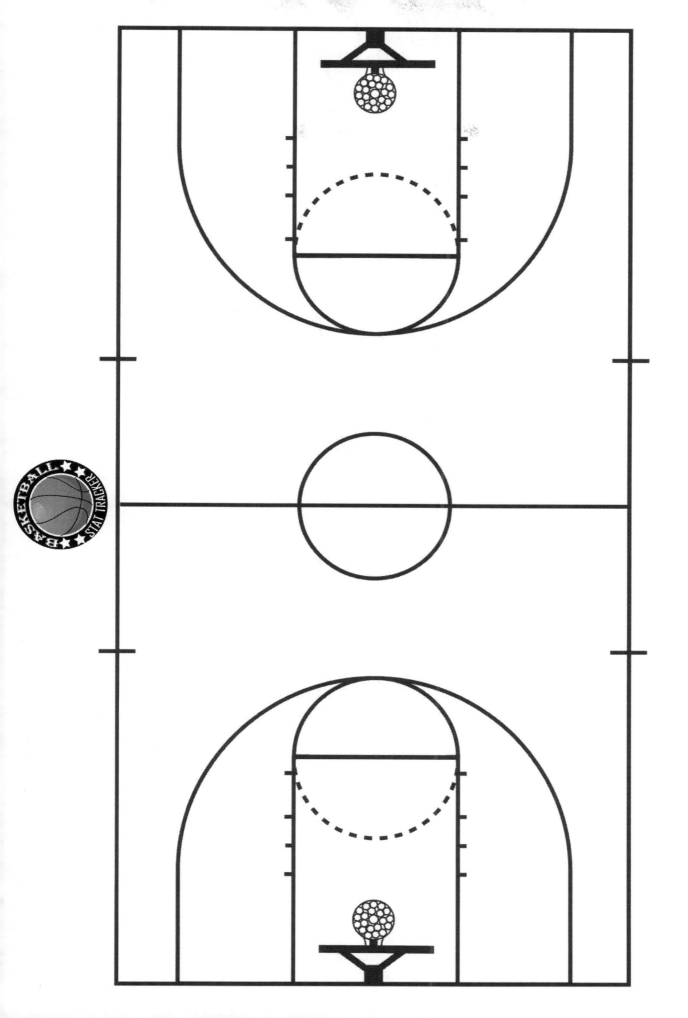

BASKETBALL STAT TRACKER

LOCATION			
VISITORS			
HOME			

	HALF	FINAL
SCORE		

DATE

No	PLAYER	FLS	HALF	2-POINT FG		3-POINT FG		FREE THROW		REBOUND		AST	TO	STL	BLK	TOTAL POINTS
		1 2 3 / 4 5	1 / 2	ATTEMPT	MADE	ATTEMPT	MADE	ATTEMPT	MADE	O	D					
		1 2 3 / 4 5	1 / 2													
		1 2 3 / 4 5	1 / 2													
		1 2 3 / 4 5	1 / 2													
		1 2 3 / 4 5	1 / 2													
		1 2 3 / 4 5	1 / 2													
		1 2 3 / 4 5	1 / 2													
		1 2 3 / 4 5	1 / 2													
		1 2 3 / 4 5	1 / 2													
		1 2 3 / 4 5	1 / 2													
		1 2 3 / 4 5	1 / 2													
		1 2 3 / 4 5	1 / 2													
		1 2 3 / 4 5	1 / 2													
	Team Totals															

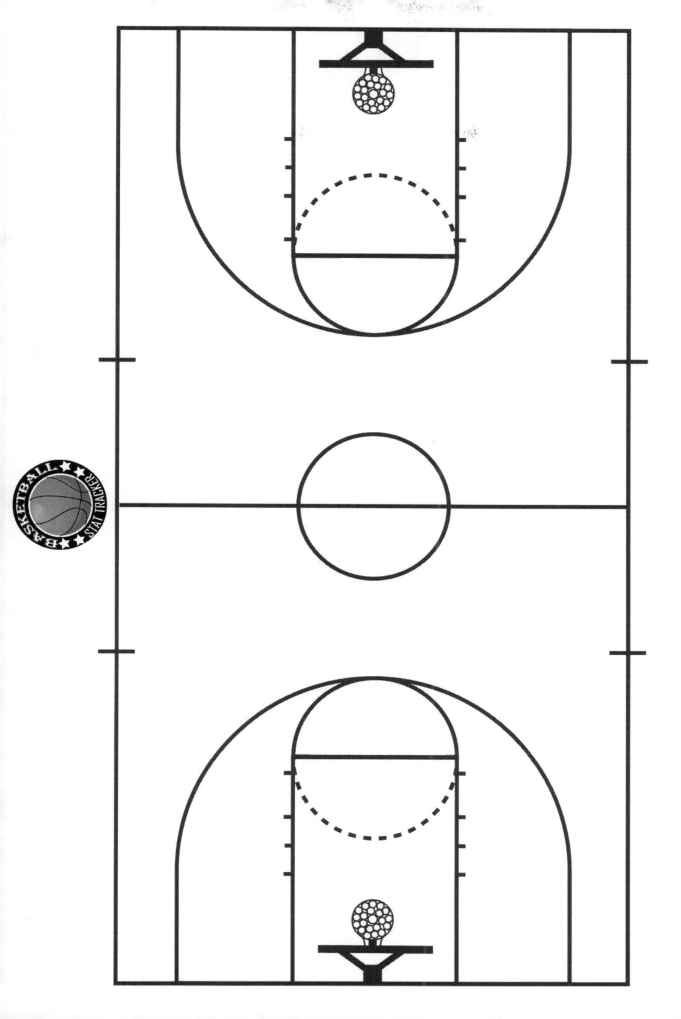

BASKETBALL STAT TRACKER

LOCATION		
VISITORS		
HOME		

	DATE		HALF	FINAL	SCORE

Nº	PLAYER	FLS	HALF	2-POINT FG		3-POINT FG		FREE THROW		REBOUND		AST	TO	STL	BLK	TOTAL POINTS
				ATTEMPT	MADE	ATTEMPT	MADE	ATTEMPT	MADE	O	D					
		1 2 3 / 4 5	1 / 2													

Team Totals

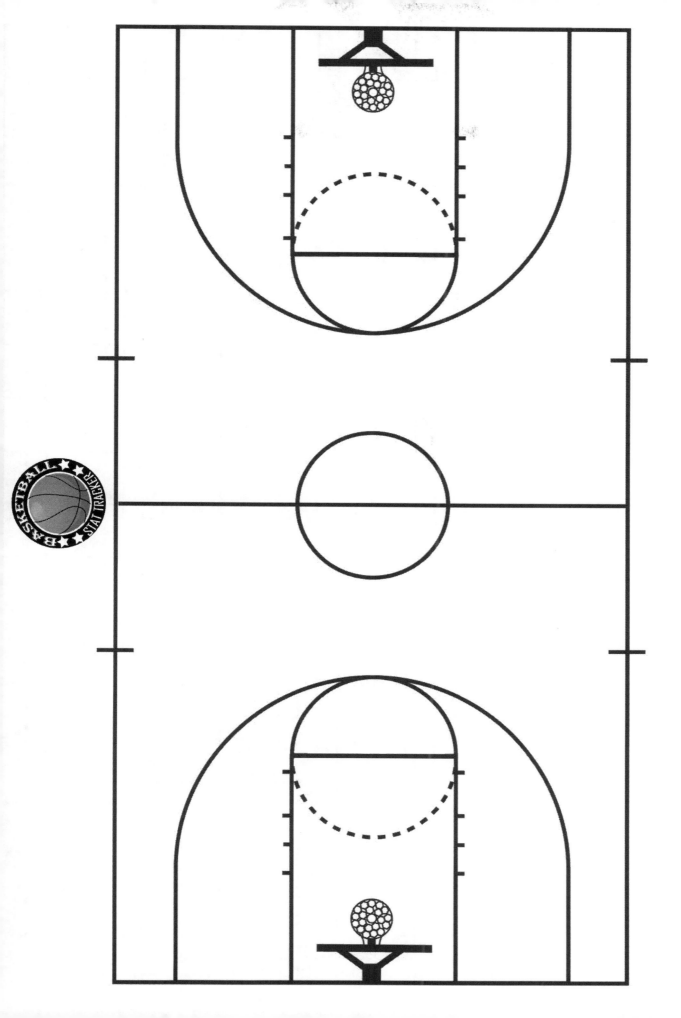

BASKETBALL STAT TRACKER

LOCATION

VISITORS

HOME

DATE

FINAL

HALF

SCORE

Nº	PLAYER	FLS			HALF	2-POINT FG		3-POINT FG		FREE THROW		REBOUND		AST	TO	STL	BLK	TOTAL POINTS
						ATTEMPT	MADE	ATTEMPT	MADE	ATTEMPT	MADE	O	D					
		1	2	3	1													
		4	5		2													
		1	2	3	1													
		4	5		2													
		1	2	3	1													
		4	5		2													
		1	2	3	1													
		4	5		2													
		1	2	3	1													
		4	5		2													
		1	2	3	1													
		4	5		2													
		1	2	3	1													
		4	5		2													
		1	2	3	1													
		4	5		2													
		1	2	3	1													
		4	5		2													
		1	2	3	1													
		4	5		2													
		1	2	3	1													
		4	5		2													
		1	2	3	1													
		4	5		2													
		1	2	3	1													
		4	5		2													
Team Totals		1	2	3	1													
		4	5		2													

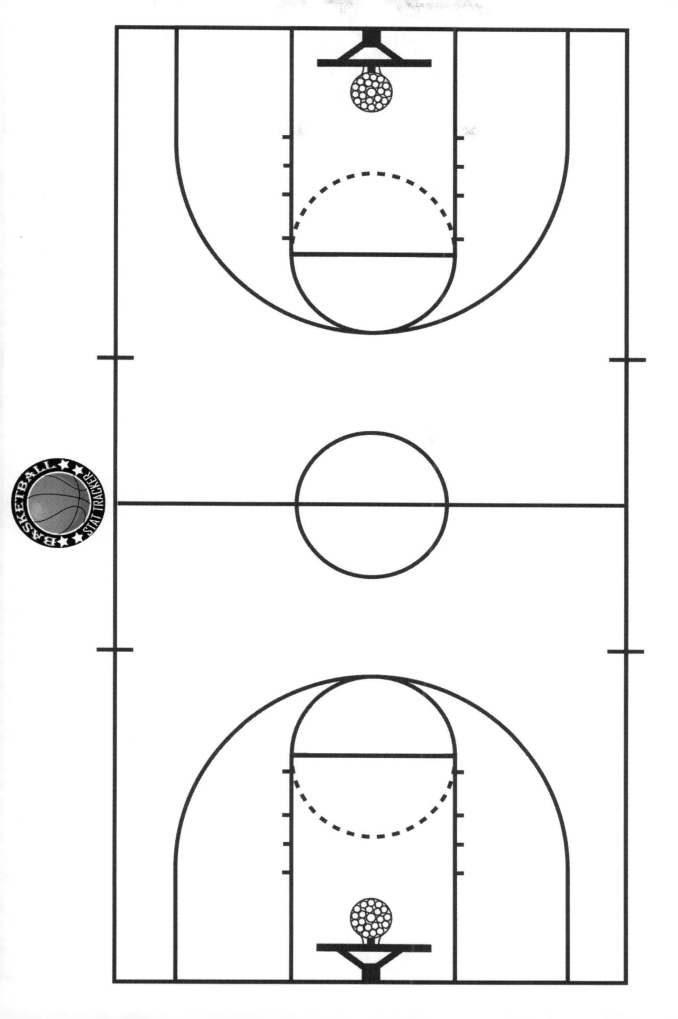

BASKETBALL STAT TRACKER

LOCATION

VISITORS

HOME

DATE

FINAL

HALF

SCORE

N°	PLAYER	FLS		HALF	2-POINT FG		3-POINT FG		FREE THROW		REBOUND		AST	TO	STL	BLK	TOTAL POINTS
					ATTEMPT	MADE	ATTEMPT	MADE	ATTEMPT	MADE	O	D					
		1 2 3 / 4 5		1													
		1 2 3 / 4 5		2													
		1 2 3 / 4 5		1													
		1 2 3 / 4 5		2													
		1 2 3 / 4 5		1													
		1 2 3 / 4 5		2													
		1 2 3 / 4 5		1													
		1 2 3 / 4 5		2													
		1 2 3 / 4 5		1													
		1 2 3 / 4 5		2													
		1 2 3 / 4 5		1													
		1 2 3 / 4 5		2													
		1 2 3 / 4 5		1													
		1 2 3 / 4 5		2													
		1 2 3 / 4 5		1													
		1 2 3 / 4 5		2													
		1 2 3 / 4 5		1													
		1 2 3 / 4 5		2													
		1 2 3 / 4 5		1													
		1 2 3 / 4 5		2													
		1 2 3 / 4 5		1													
		1 2 3 / 4 5		2													
		1 2 3 / 4 5		1													
		1 2 3 / 4 5		2													
	Team Totals	1 2 3 / 4 5		1													
		1 2 3 / 4 5		2													

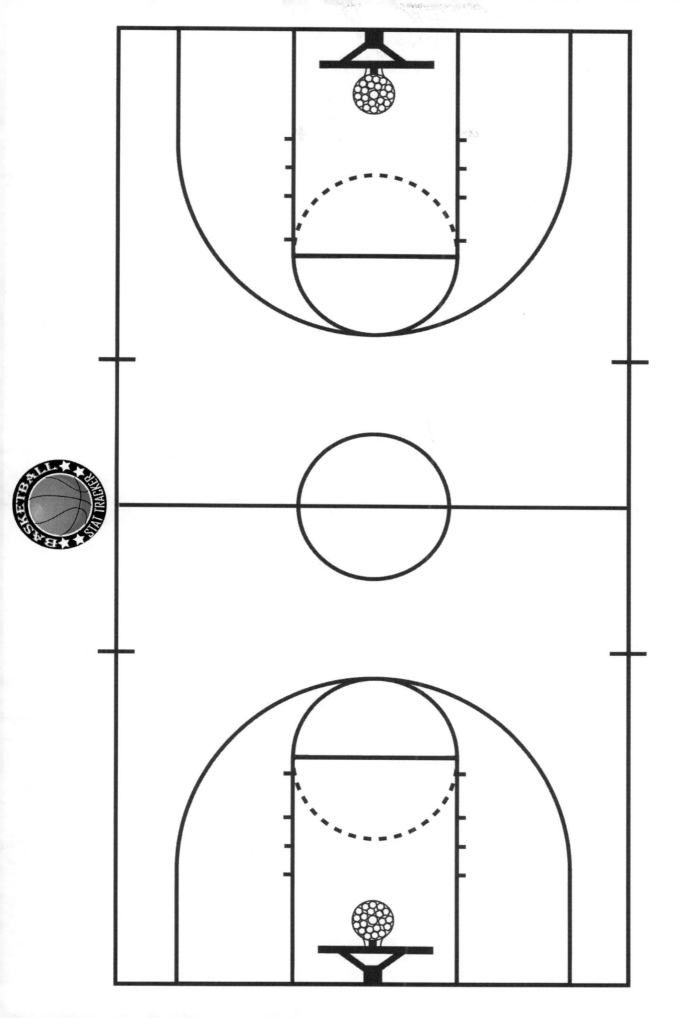

BASKETBALL STAT TRACKER

LOCATION		
VISITORS		
HOME		

DATE		
FINAL		
HALF		

SCORE

Nº	PLAYER	FLS	HALF	2-POINT FG		3-POINT FG		FREE THROW		REBOUND		AST	TO	STL	BLK	TOTAL POINTS
				ATTEMPT	MADE	ATTEMPT	MADE	ATTEMPT	MADE	O	D					
		1 2 3 / 4 5	1													
			2													
		1 2 3 / 4 5	1													
			2													
		1 2 3 / 4 5	1													
			2													
		1 2 3 / 4 5	1													
			2													
		1 2 3 / 4 5	1													
			2													
		1 2 3 / 4 5	1													
			2													
		1 2 3 / 4 5	1													
			2													
		1 2 3 / 4 5	1													
			2													
		1 2 3 / 4 5	1													
			2													
		1 2 3 / 4 5	1													
			2													
		1 2 3 / 4 5	1													
			2													
		1 2 3 / 4 5	1													
			2													
	Team Totals															

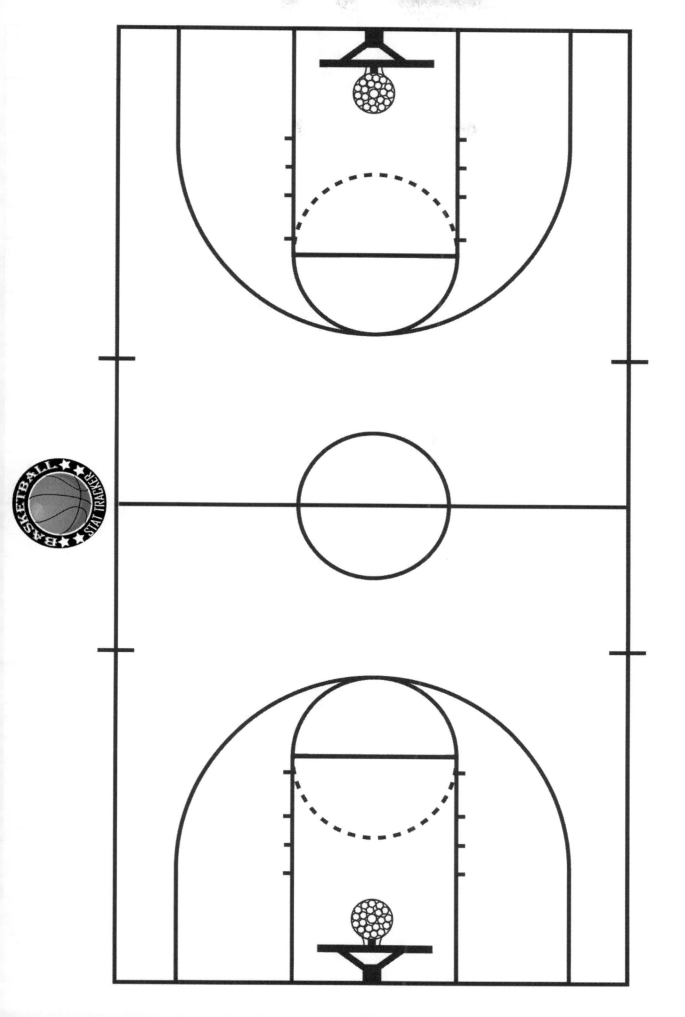

BASKETBALL STAT TRACKER

LOCATION					DATE			
VISITORS						FINAL	HALF	SCORE
HOME								

N°	PLAYER	FLS		HALF	2-POINT FG		3-POINT FG		FREE THROW		REBOUND		AST	TO	STL	BLK	TOTAL POINTS
					ATTEMPT	MADE	ATTEMPT	MADE	ATTEMPT	MADE	O	D					
		1 2 3 / 4 5	1														
			2														
		1 2 3 / 4 5	1														
			2														
		1 2 3 / 4 5	1														
			2														
		1 2 3 / 4 5	1														
			2														
		1 2 3 / 4 5	1														
			2														
		1 2 3 / 4 5	1														
			2														
		1 2 3 / 4 5	1														
			2														
		1 2 3 / 4 5	1														
			2														
		1 2 3 / 4 5	1														
			2														
		1 2 3 / 4 5	1														
			2														
		1 2 3 / 4 5	1														
			2														
		1 2 3 / 4 5	1														
			2														
	Team Totals																

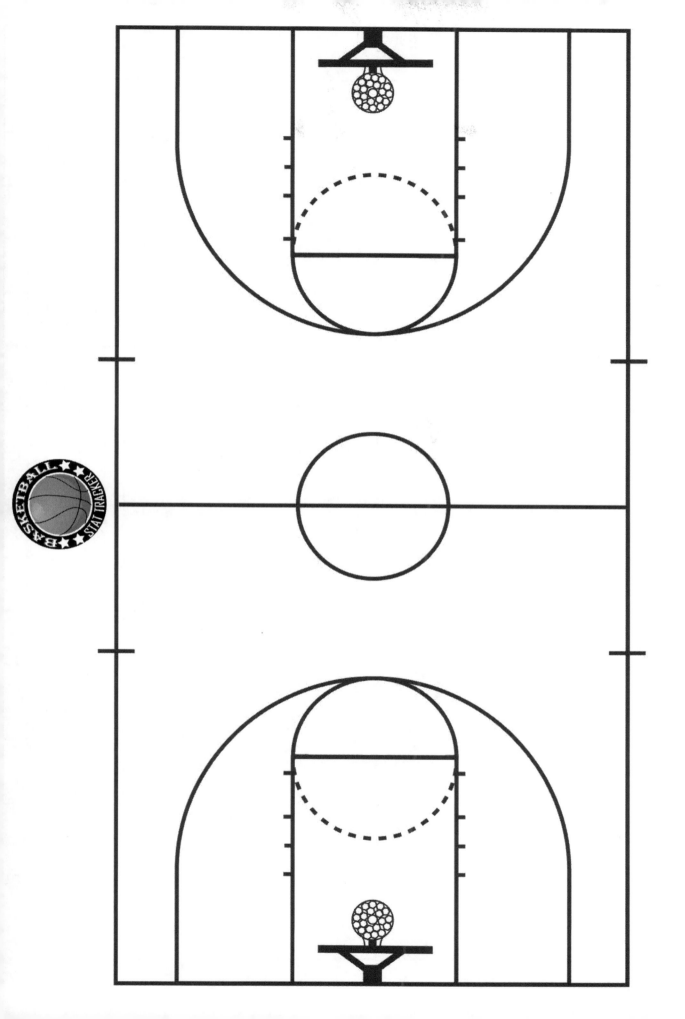

BASKETBALL STAT TRACKER

LOCATION		
VISITORS		
HOME		

	HALF	FINAL	DATE
SCORE			

N°	PLAYER	FLS	HALF	2-POINT FG		3-POINT FG		FREE THROW		REBOUND		AST	TO	STL	BLK	TOTAL POINTS
				ATTEMPT	MADE	ATTEMPT	MADE	ATTEMPT	MADE	O	D					
		1 2 3 / 4 5	1													
			2													
		1 2 3 / 4 5	1													
			2													
		1 2 3 / 4 5	1													
			2													
		1 2 3 / 4 5	1													
			2													
		1 2 3 / 4 5	1													
			2													
		1 2 3 / 4 5	1													
			2													
		1 2 3 / 4 5	1													
			2													
		1 2 3 / 4 5	1													
			2													
		1 2 3 / 4 5	1													
			2													
		1 2 3 / 4 5	1													
			2													
		1 2 3 / 4 5	1													
			2													
		1 2 3 / 4 5	1													
			2													
Team Totals																

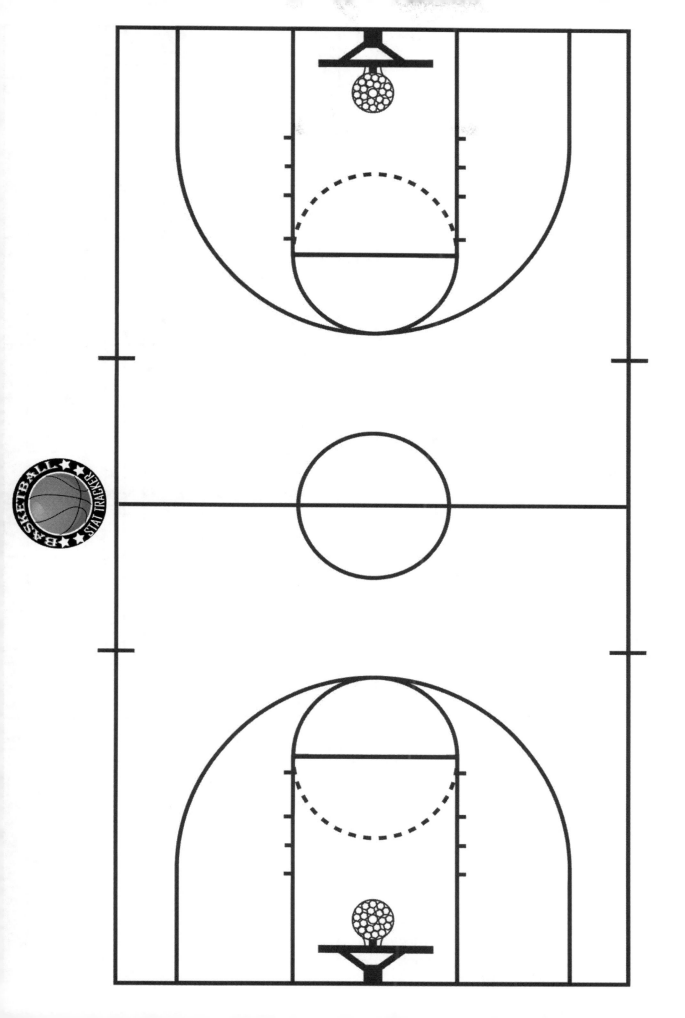

BASKETBALL STAT TRACKER

LOCATION:
VISITORS:
HOME:

	HALF	FINAL	DATE
SCORE			

Nº	PLAYER	FLS	HALF	2-POINT FG		3-POINT FG		FREE THROW		REBOUND		AST	TO	STL	BLK	TOTAL POINTS
				ATTEMPT	MADE	ATTEMPT	MADE	ATTEMPT	MADE	O	D					
		1 2 3 / 4 5	1 / 2													
		1 2 3 / 4 5	1 / 2													
		1 2 3 / 4 5	1 / 2													
		1 2 3 / 4 5	1 / 2													
		1 2 3 / 4 5	1 / 2													
		1 2 3 / 4 5	1 / 2													
		1 2 3 / 4 5	1 / 2													
		1 2 3 / 4 5	1 / 2													
		1 2 3 / 4 5	1 / 2													
		1 2 3 / 4 5	1 / 2													
		1 2 3 / 4 5	1 / 2													
		1 2 3 / 4 5	1 / 2													
	Team Totals															

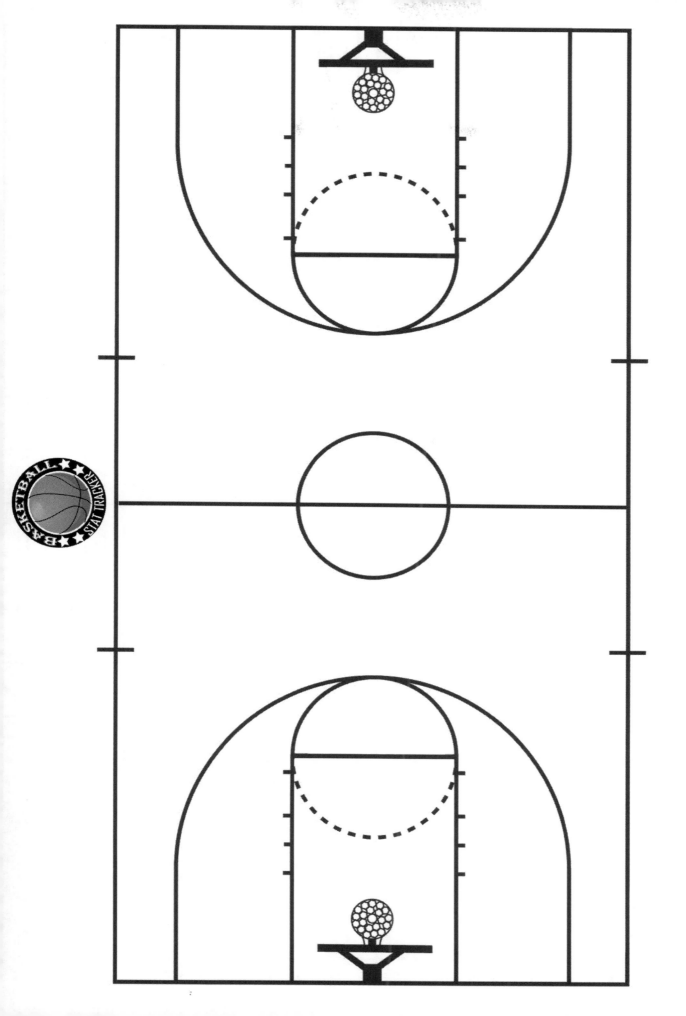

BASKETBALL STAT TRACKER

LOCATION		
VISITORS		
HOME		

HALF	FINAL

DATE	

SCORE

N°	PLAYER	FLS	HALF	2-POINT FG		3-POINT FG		FREE THROW		REBOUND		AST	TO	STL	BLK	TOTAL POINTS
				ATTEMPT	MADE	ATTEMPT	MADE	ATTEMPT	MADE	O	D					
		1 2 3 4 5	1 2													
		1 2 3 4 5	1 2													
		1 2 3 4 5	1 2													
		1 2 3 4 5	1 2													
		1 2 3 4 5	1 2													
		1 2 3 4 5	1 2													
		1 2 3 4 5	1 2													
		1 2 3 4 5	1 2													
		1 2 3 4 5	1 2													
		1 2 3 4 5	1 2													
		1 2 3 4 5	1 2													
		1 2 3 4 5	1 2													
		1 2 3 4 5	1 2													
	Team Totals															

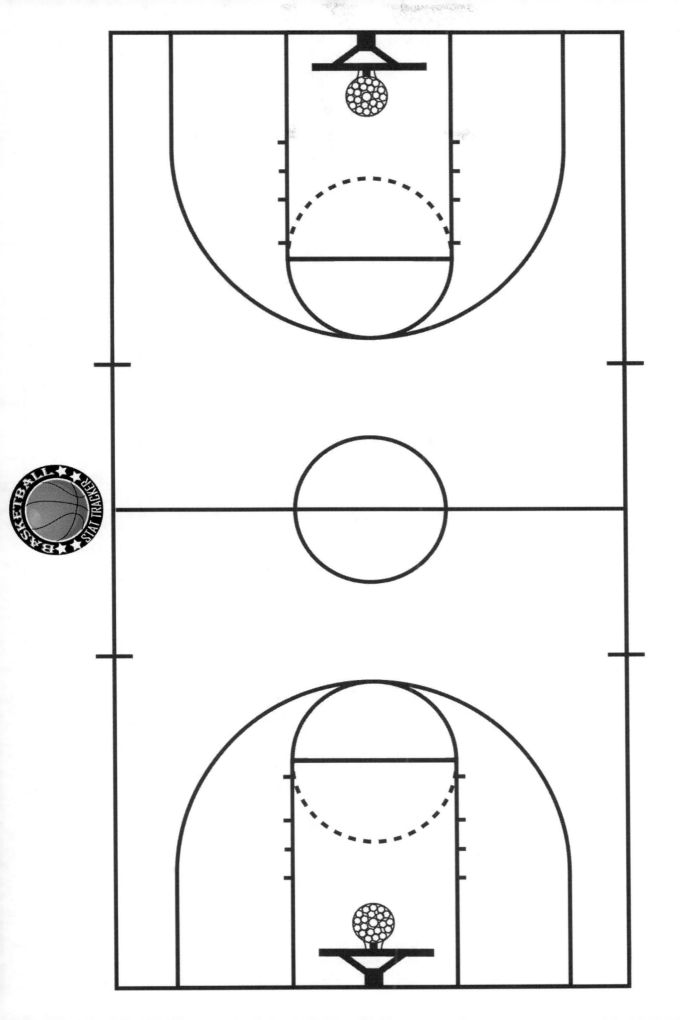

BASKETBALL STAT TRACKER

LOCATION

VISITORS

HOME

DATE

	FINAL	HALF
SCORE		

N°	PLAYER	FLS	HALF	2-POINT FG		3-POINT FG		FREE THROW		REBOUND		AST	TO	STL	BLK	TOTAL POINTS
				ATTEMPT	MADE	ATTEMPT	MADE	ATTEMPT	MADE	O	D					
		1 2 3 / 4 5	1 / 2													
		1 2 3 / 4 5	1 / 2													
		1 2 3 / 4 5	1 / 2													
		1 2 3 / 4 5	1 / 2													
		1 2 3 / 4 5	1 / 2													
		1 2 3 / 4 5	1 / 2													
		1 2 3 / 4 5	1 / 2													
		1 2 3 / 4 5	1 / 2													
		1 2 3 / 4 5	1 / 2													
		1 2 3 / 4 5	1 / 2													
		1 2 3 / 4 5	1 / 2													
		1 2 3 / 4 5	1 / 2													
		1 2 3 / 4 5	1 / 2													
	Team Totals															

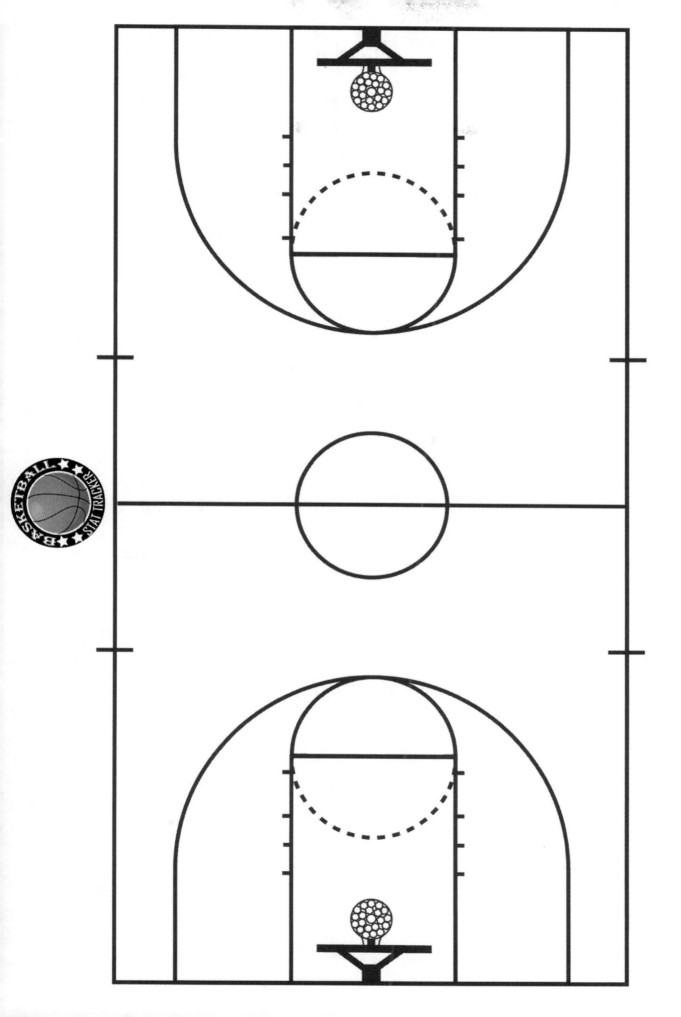

BASKETBALL STAT TRACKER

LOCATION		
VISITORS		
HOME		

	HALF	FINAL	DATE
SCORE			

Nº	PLAYER	FLS		HALF	2-POINT FG		3-POINT FG		FREE THROW		REBOUND		AST	TO	STL	BLK	TOTAL POINTS
					ATTEMPT	MADE	ATTEMPT	MADE	ATTEMPT	MADE	O	D					
		1 2 3 / 4 5	1 / 4	1													
				2													
		1 2 3 / 4 5	1 / 4	1													
				2													
		1 2 3 / 4 5	1 / 4	1													
				2													
		1 2 3 / 4 5	1 / 4	1													
				2													
		1 2 3 / 4 5	1 / 4	1													
				2													
		1 2 3 / 4 5	1 / 4	1													
				2													
		1 2 3 / 4 5	1 / 4	1													
				2													
		1 2 3 / 4 5	1 / 4	1													
				2													
		1 2 3 / 4 5	1 / 4	1													
				2													
		1 2 3 / 4 5	1 / 4	1													
				2													
		1 2 3 / 4 5	1 / 4	1													
				2													
	Team Totals	1 2 3 / 4 5	1 / 4	1													
				2													

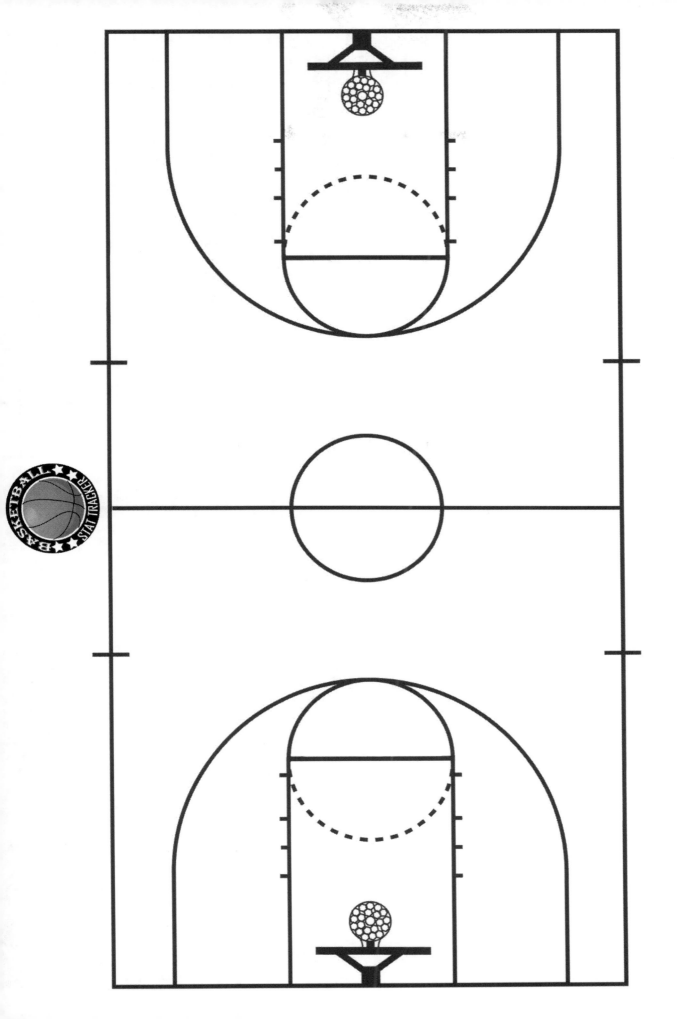

BASKETBALL STAT TRACKER

LOCATION		DATE		HALF	FINAL		SCORE
VISITORS							
HOME							

N°	PLAYER	FLS	HALF	2-POINT FG		3-POINT FG		FREE THROW		REBOUND		AST	TO	STL	BLK	TOTAL POINTS
				ATTEMPT	MADE	ATTEMPT	MADE	ATTEMPT	MADE	O	D					
		1 2 3 / 4 5	1 / 2													
		1 2 3 / 4 5	1 / 2													
		1 2 3 / 4 5	1 / 2													
		1 2 3 / 4 5	1 / 2													
		1 2 3 / 4 5	1 / 2													
		1 2 3 / 4 5	1 / 2													
		1 2 3 / 4 5	1 / 2													
		1 2 3 / 4 5	1 / 2													
		1 2 3 / 4 5	1 / 2													
		1 2 3 / 4 5	1 / 2													
		1 2 3 / 4 5	1 / 2													
		1 2 3 / 4 5	1 / 2													
Team Totals																

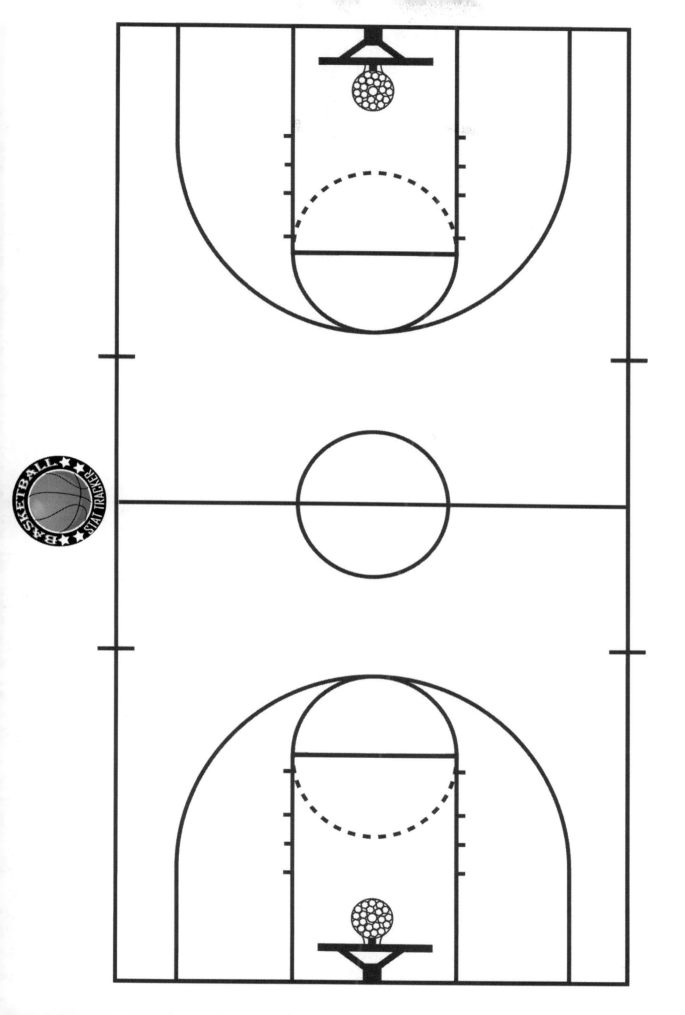

BASKETBALL STAT TRACKER

LOCATION	
VISITORS	
HOME	

	HALF	FINAL	DATE
SCORE			

Nº	PLAYER	FLS	HALF	2-POINT FG		3-POINT FG		FREE THROW		REBOUND		AST	TO	STL	BLK	TOTAL POINTS
				ATTEMPT	MADE	ATTEMPT	MADE	ATTEMPT	MADE	O	D					
		1 2 3 / 4 5	1													
			2													
		1 2 3 / 4 5	1													
			2													
		1 2 3 / 4 5	1													
			2													
		1 2 3 / 4 5	1													
			2													
		1 2 3 / 4 5	1													
			2													
		1 2 3 / 4 5	1													
			2													
		1 2 3 / 4 5	1													
			2													
		1 2 3 / 4 5	1													
			2													
		1 2 3 / 4 5	1													
			2													
		1 2 3 / 4 5	1													
			2													
		1 2 3 / 4 5	1													
			2													
		1 2 3 / 4 5	1													
			2													
		1 2 3 / 4 5	1													
			2													
	Team Totals	1 2 3 / 4 5	1													
			2													

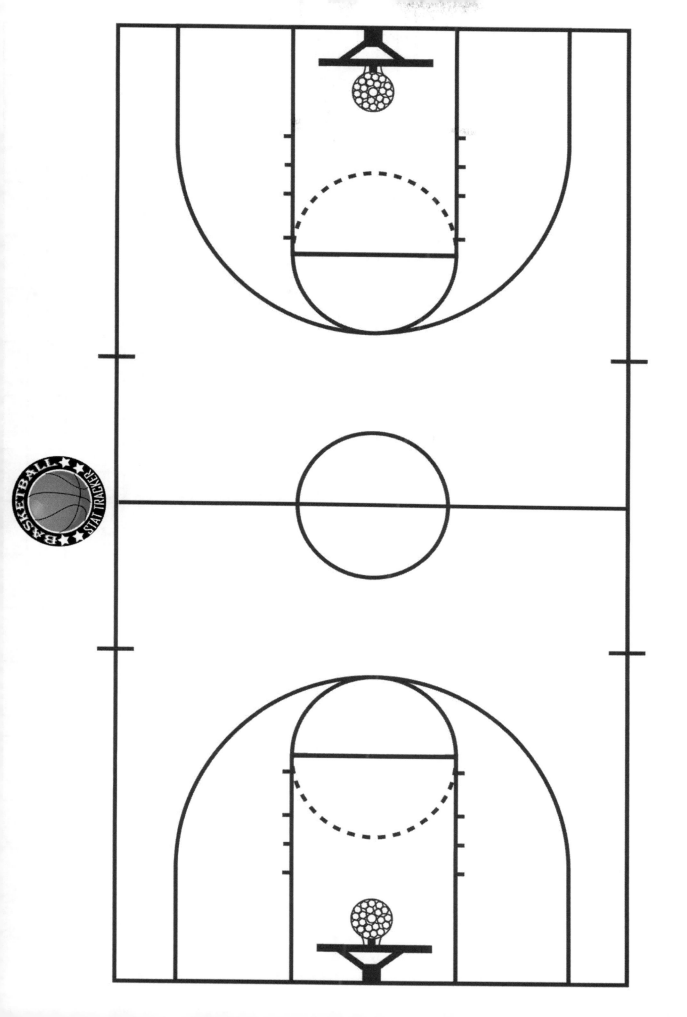

BASKETBALL STAT TRACKER

LOCATION		
VISITORS		
HOME		

	SCORE	HALF	FINAL	DATE

Nº	PLAYER	FLS	HALF	2-POINT FG		3-POINT FG		FREE THROW		REBOUND		AST	TO	STL	BLK	TOTAL POINTS
				ATTEMPT	MADE	ATTEMPT	MADE	ATTEMPT	MADE	O	D					
		1 2 3 4 5	1 2													
		1 2 3 4 5	1 2													
		1 2 3 4 5	1 2													
		1 2 3 4 5	1 2													
		1 2 3 4 5	1 2													
		1 2 3 4 5	1 2													
		1 2 3 4 5	1 2													
		1 2 3 4 5	1 2													
		1 2 3 4 5	1 2													
		1 2 3 4 5	1 2													
		1 2 3 4 5	1 2													
		1 2 3 4 5	1 2													
		1 2 3 4 5	1 2													
		1 2 3 4 5	1 2													
	Team Totals															

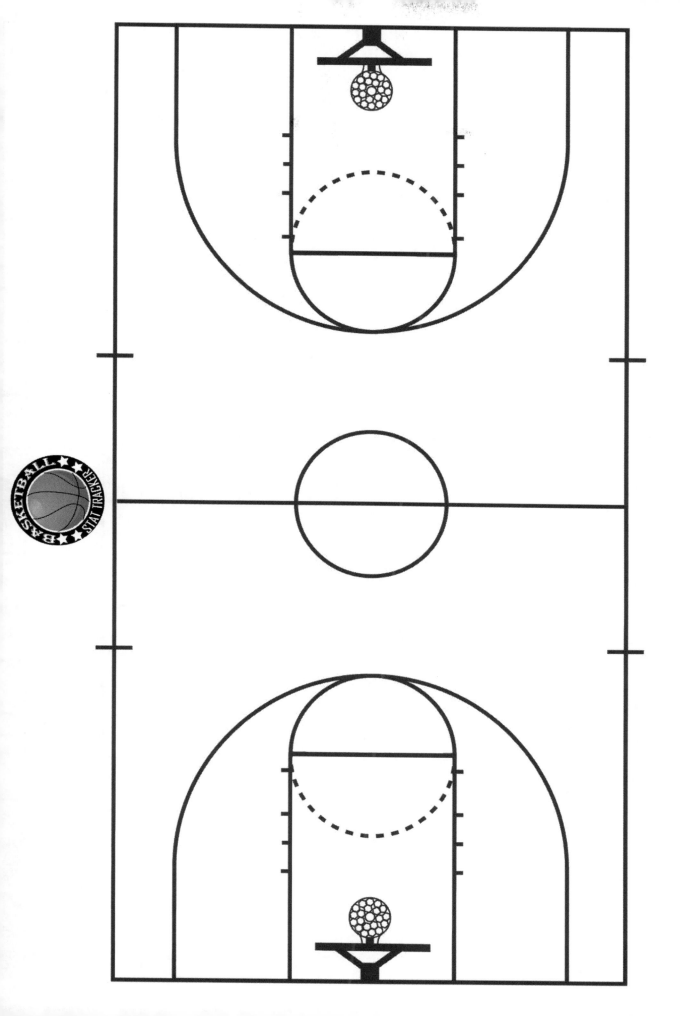

BASKETBALL STAT TRACKER

LOCATION		
VISITORS		
HOME		

	HALF	FINAL	DATE
SCORE			

N°	PLAYER	FLS	HALF	2-POINT FG		3-POINT FG		FREE THROW		REBOUND		AST	TO	STL	BLK	TOTAL POINTS
				ATTEMPT	MADE	ATTEMPT	MADE	ATTEMPT	MADE	O	D					
		1 2 3 / 4 5	1 / 2													
		1 2 3 / 4 5	1 / 2													
		1 2 3 / 4 5	1 / 2													
		1 2 3 / 4 5	1 / 2													
		1 2 3 / 4 5	1 / 2													
		1 2 3 / 4 5	1 / 2													
		1 2 3 / 4 5	1 / 2													
		1 2 3 / 4 5	1 / 2													
		1 2 3 / 4 5	1 / 2													
		1 2 3 / 4 5	1 / 2													
		1 2 3 / 4 5	1 / 2													
		1 2 3 / 4 5	1 / 2													
	Team Totals															

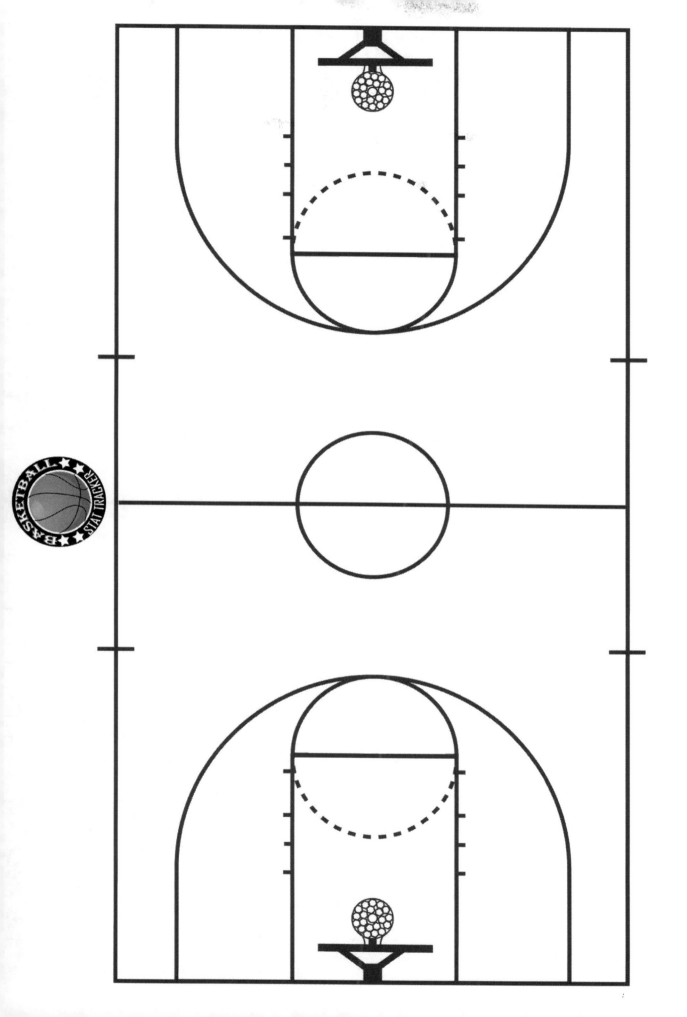

LOCATION

VISITORS

HOME

DATE

HALF | FINAL

SCORE

BASKETBALL STAT TRACKER

N°	PLAYER	FLS	HALF	2-POINT FG		3-POINT FG		FREE THROW		REBOUND		AST	TO	STL	BLK	TOTAL POINTS
				ATTEMPT	MADE	ATTEMPT	MADE	ATTEMPT	MADE	O	D					
		1 2 3 / 4 5	1													
			2													
		1 2 3 / 4 5	1													
			2													
		1 2 3 / 4 5	1													
			2													
		1 2 3 / 4 5	1													
			2													
		1 2 3 / 4 5	1													
			2													
		1 2 3 / 4 5	1													
			2													
		1 2 3 / 4 5	1													
			2													
		1 2 3 / 4 5	1													
			2													
		1 2 3 / 4 5	1													
			2													
		1 2 3 / 4 5	1													
			2													
		1 2 3 / 4 5	1													
			2													
		1 2 3 / 4 5	1													
			2													

Team Totals

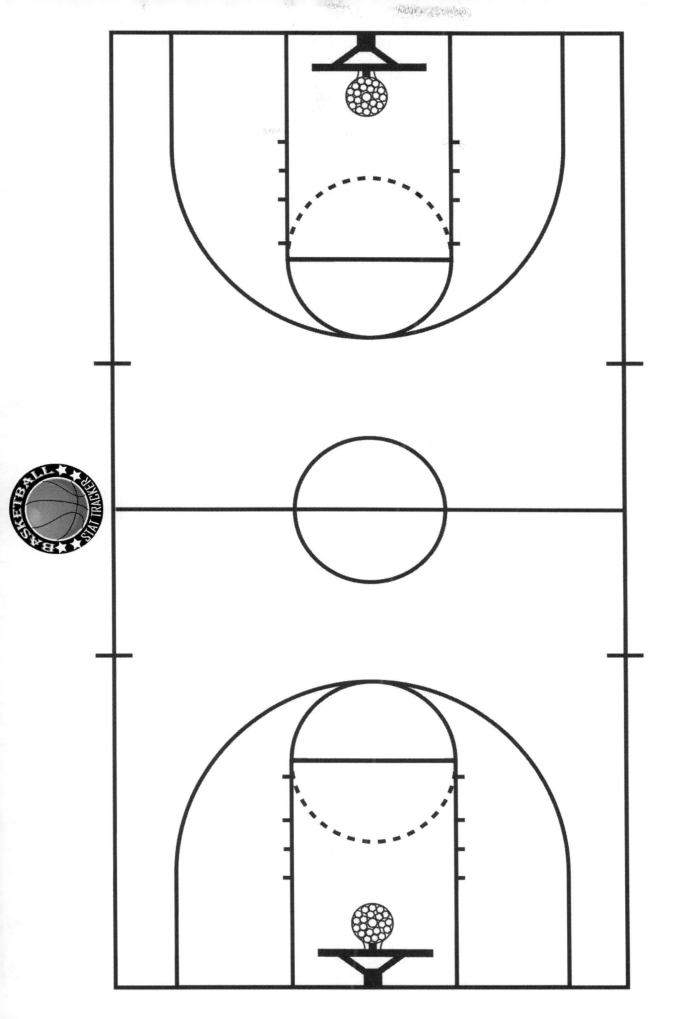

BASKETBALL STAT TRACKER

LOCATION		
VISITORS		
HOME		

	SCORE	HALF	FINAL	DATE

N°	PLAYER	FLS	HALF	2-POINT FG		3-POINT FG		FREE THROW		REBOUND		AST	TO	STL	BLK	TOTAL POINTS
				ATTEMPT	MADE	ATTEMPT	MADE	ATTEMPT	MADE	O	D					
		1 2 3 / 4 5	1													
			2													
		1 2 3 / 4 5	1													
			2													
		1 2 3 / 4 5	1													
			2													
		1 2 3 / 4 5	1													
			2													
		1 2 3 / 4 5	1													
			2													
		1 2 3 / 4 5	1													
			2													
		1 2 3 / 4 5	1													
			2													
		1 2 3 / 4 5	1													
			2													
		1 2 3 / 4 5	1													
			2													
		1 2 3 / 4 5	1													
			2													
		1 2 3 / 4 5	1													
			2													
		1 2 3 / 4 5	1													
			2													
	Team Totals															

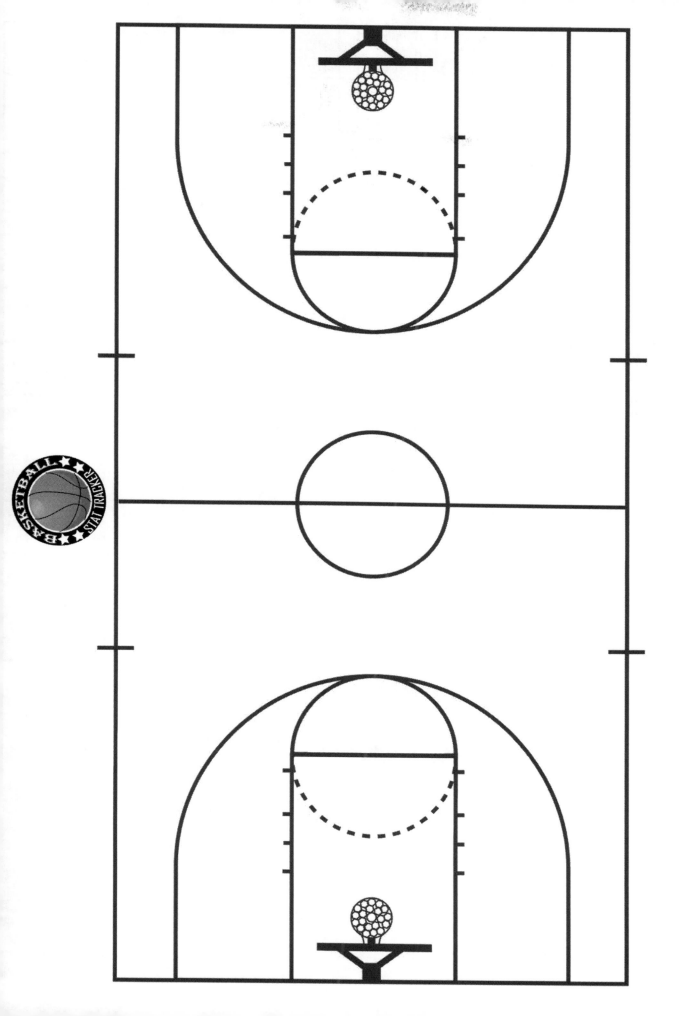

BASKETBALL STAT TRACKER

LOCATION									
VISITORS				DATE					
HOME				HALF	FINAL				

No	PLAYER	FLS	HALF	2-POINT FG		3-POINT FG		FREE THROW		REBOUND		AST	TO	STL	BLK	TOTAL POINTS
				ATTEMPT	MADE	ATTEMPT	MADE	ATTEMPT	MADE	O	D					
		1 2 3 / 4 5	1 / 2													
		1 2 3 / 4 5	1 / 2													
		1 2 3 / 4 5	1 / 2													
		1 2 3 / 4 5	1 / 2													
		1 2 3 / 4 5	1 / 2													
		1 2 3 / 4 5	1 / 2													
		1 2 3 / 4 5	1 / 2													
		1 2 3 / 4 5	1 / 2													
		1 2 3 / 4 5	1 / 2													
		1 2 3 / 4 5	1 / 2													
		1 2 3 / 4 5	1 / 2													
		1 2 3 / 4 5	1 / 2													
	Team Totals	1 2 3 / 4 5	1 / 2													

SCORE

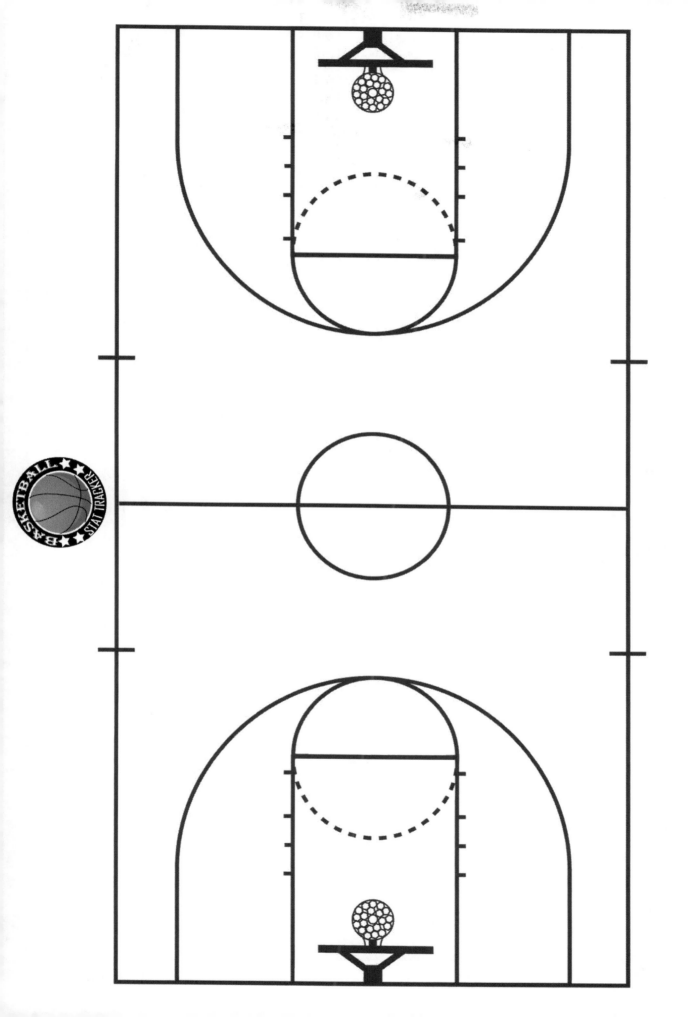

BASKETBALL STAT TRACKER

LOCATION		
VISITORS		
HOME		

	HALF	FINAL	DATE
SCORE			

Nº	PLAYER	FLS	HALF	2-POINT FG		3-POINT FG		FREE THROW		REBOUND		AST	TO	STL	BLK	TOTAL POINTS
				ATTEMPT	MADE	ATTEMPT	MADE	ATTEMPT	MADE	O	D					
		1 2 3 / 4 5	1 / 2													
		1 2 3 / 4 5	1 / 2													
		1 2 3 / 4 5	1 / 2													
		1 2 3 / 4 5	1 / 2													
		1 2 3 / 4 5	1 / 2													
		1 2 3 / 4 5	1 / 2													
		1 2 3 / 4 5	1 / 2													
		1 2 3 / 4 5	1 / 2													
		1 2 3 / 4 5	1 / 2													
		1 2 3 / 4 5	1 / 2													
		1 2 3 / 4 5	1 / 2													
		1 2 3 / 4 5	1 / 2													
Team Totals																

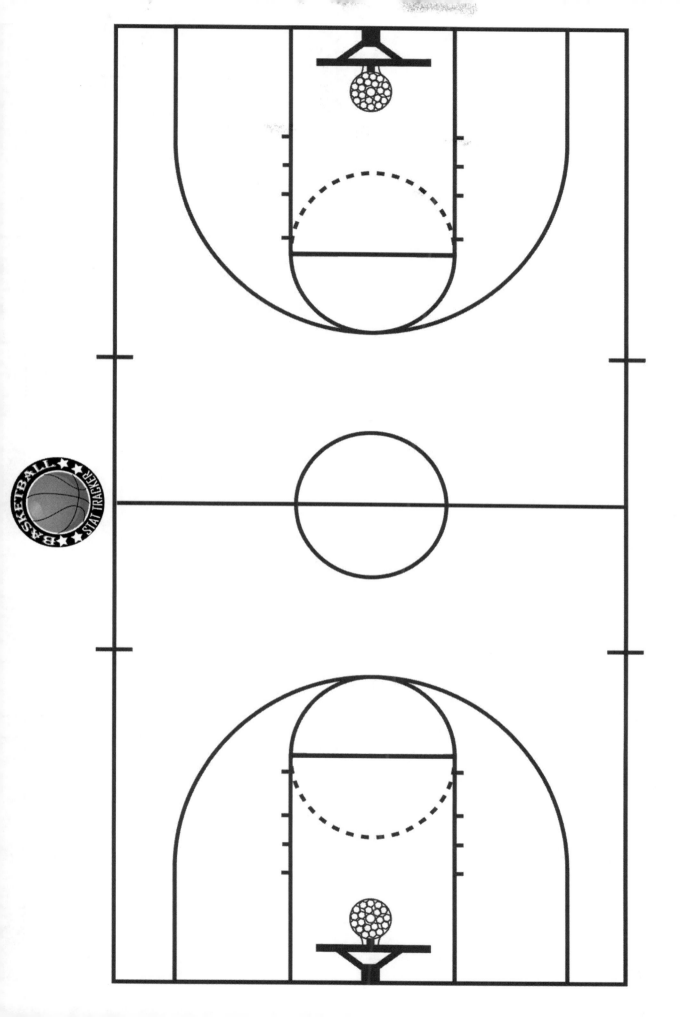

BASKETBALL STAT TRACKER

LOCATION: _____

VISITORS: _____

HOME: _____

DATE: _____

	HALF	FINAL
SCORE		

N°	PLAYER	FLS	HALF	2-POINT FG		3-POINT FG		FREE THROW		REBOUND		AST	TO	STL	BLK	TOTAL POINTS
				ATTEMPT	MADE	ATTEMPT	MADE	ATTEMPT	MADE	O	D					
		1 2 3 / 4 5	1													
			2													
		1 2 3 / 4 5	1													
			2													
		1 2 3 / 4 5	1													
			2													
		1 2 3 / 4 5	1													
			2													
		1 2 3 / 4 5	1													
			2													
		1 2 3 / 4 5	1													
			2													
		1 2 3 / 4 5	1													
			2													
		1 2 3 / 4 5	1													
			2													
		1 2 3 / 4 5	1													
			2													
		1 2 3 / 4 5	1													
			2													
		1 2 3 / 4 5	1													
			2													
		1 2 3 / 4 5	1													
			2													
		1 2 3 / 4 5	1													
			2													
	Team Totals															

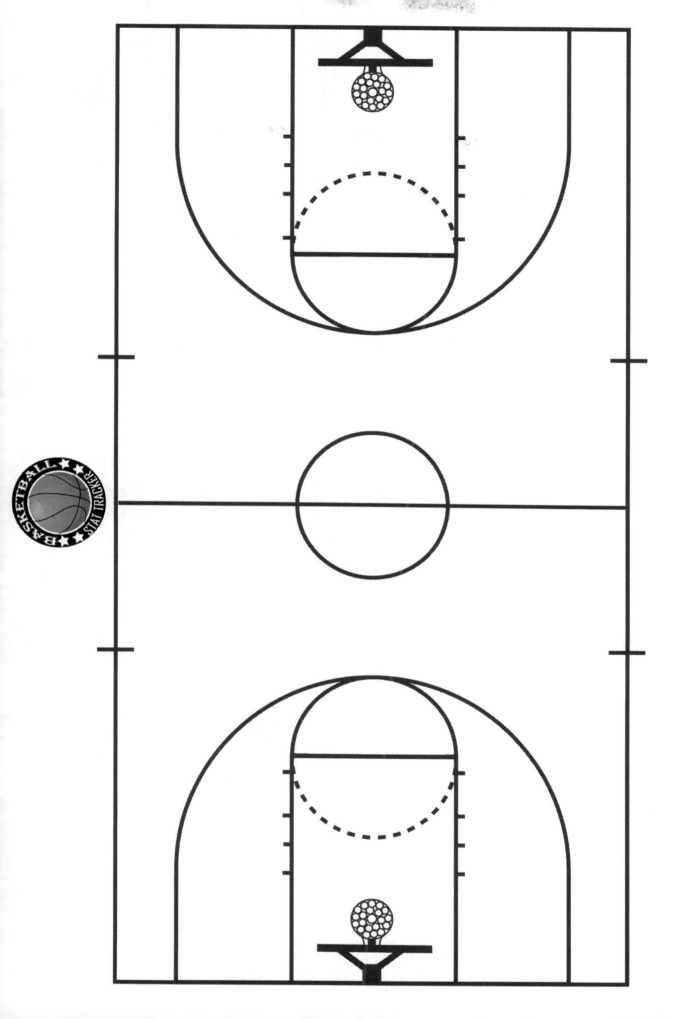

BASKETBALL STAT TRACKER

LOCATION

VISITORS

HOME

	HALF	FINAL	DATE
SCORE			

Nº	PLAYER	FLS	HALF	2-POINT FG		3-POINT FG		FREE THROW		REBOUND		AST	TO	STL	BLK	TOTAL POINTS
				ATTEMPT	MADE	ATTEMPT	MADE	ATTEMPT	MADE	O	D					
		1 2 3 / 4 5	1 / 2													
		1 2 3 / 4 5	1 / 2													
		1 2 3 / 4 5	1 / 2													
		1 2 3 / 4 5	1 / 2													
		1 2 3 / 4 5	1 / 2													
		1 2 3 / 4 5	1 / 2													
		1 2 3 / 4 5	1 / 2													
		1 2 3 / 4 5	1 / 2													
		1 2 3 / 4 5	1 / 2													
		1 2 3 / 4 5	1 / 2													
		1 2 3 / 4 5	1 / 2													
		1 2 3 / 4 5	1 / 2													
	Team Totals															

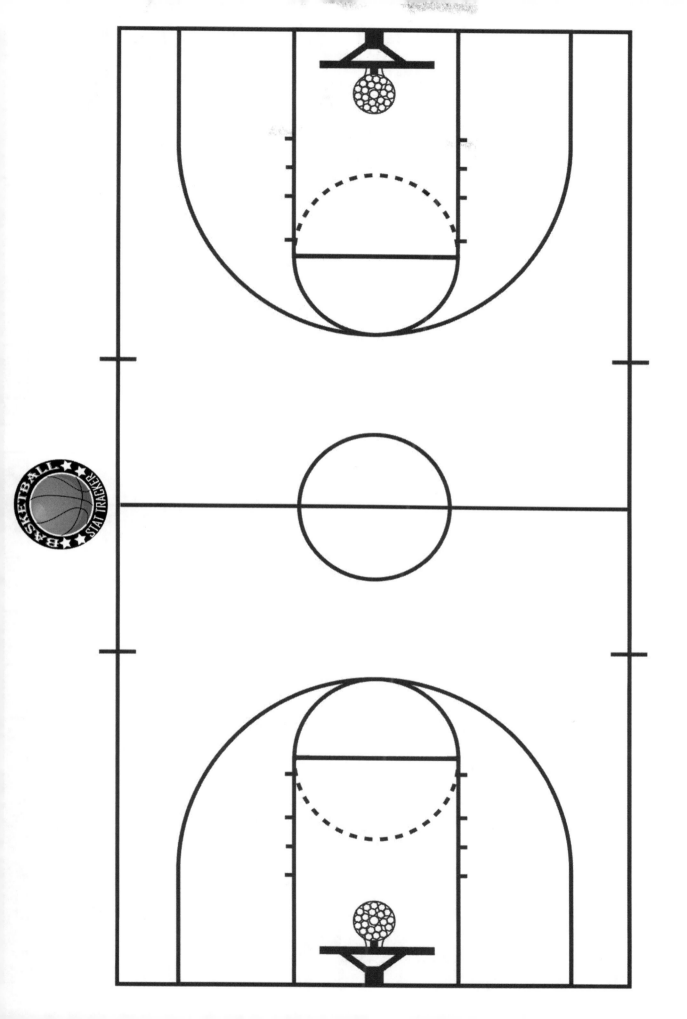

BASKETBALL STAT TRACKER

LOCATION		DATE	
VISITORS		FINAL	HALF
HOME			

SCORE

N°	PLAYER	FLS	HALF	2-POINT FG		3-POINT FG		FREE THROW		REBOUND		AST	TO	STL	BLK	TOTAL POINTS
				ATTEMPT	MADE	ATTEMPT	MADE	ATTEMPT	MADE	O	D					
		1 2 3 / 4 5	1 / 2													
		1 2 3 / 4 5	1 / 2													
		1 2 3 / 4 5	1 / 2													
		1 2 3 / 4 5	1 / 2													
		1 2 3 / 4 5	1 / 2													
		1 2 3 / 4 5	1 / 2													
		1 2 3 / 4 5	1 / 2													
		1 2 3 / 4 5	1 / 2													
		1 2 3 / 4 5	1 / 2													
		1 2 3 / 4 5	1 / 2													
		1 2 3 / 4 5	1 / 2													
		1 2 3 / 4 5	1 / 2													
	Team Totals															

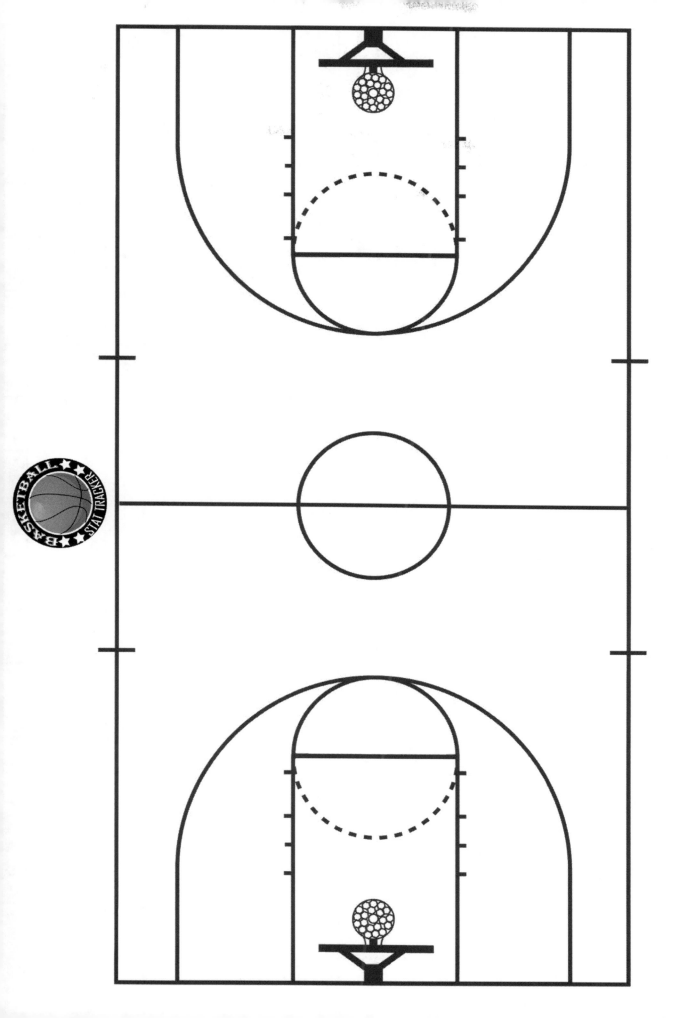

BASKETBALL STAT TRACKER

LOCATION		DATE		HALF	FINAL
VISITORS					
HOME				SCORE	

Nº	PLAYER	FLS	HALF	2-POINT FG		3-POINT FG		FREE THROW		REBOUND		AST	TO	STL	BLK	TOTAL POINTS
				ATTEMPT	MADE	ATTEMPT	MADE	ATTEMPT	MADE	O	D					
		1 2 3 / 4 5	1 / 2													
		1 2 3 / 4 5	1 / 2													
		1 2 3 / 4 5	1 / 2													
		1 2 3 / 4 5	1 / 2													
		1 2 3 / 4 5	1 / 2													
		1 2 3 / 4 5	1 / 2													
		1 2 3 / 4 5	1 / 2													
		1 2 3 / 4 5	1 / 2													
		1 2 3 / 4 5	1 / 2													
		1 2 3 / 4 5	1 / 2													
		1 2 3 / 4 5	1 / 2													
		1 2 3 / 4 5	1 / 2													
	Team Totals															

BASKETBALL ★ STAT TRACKER ★

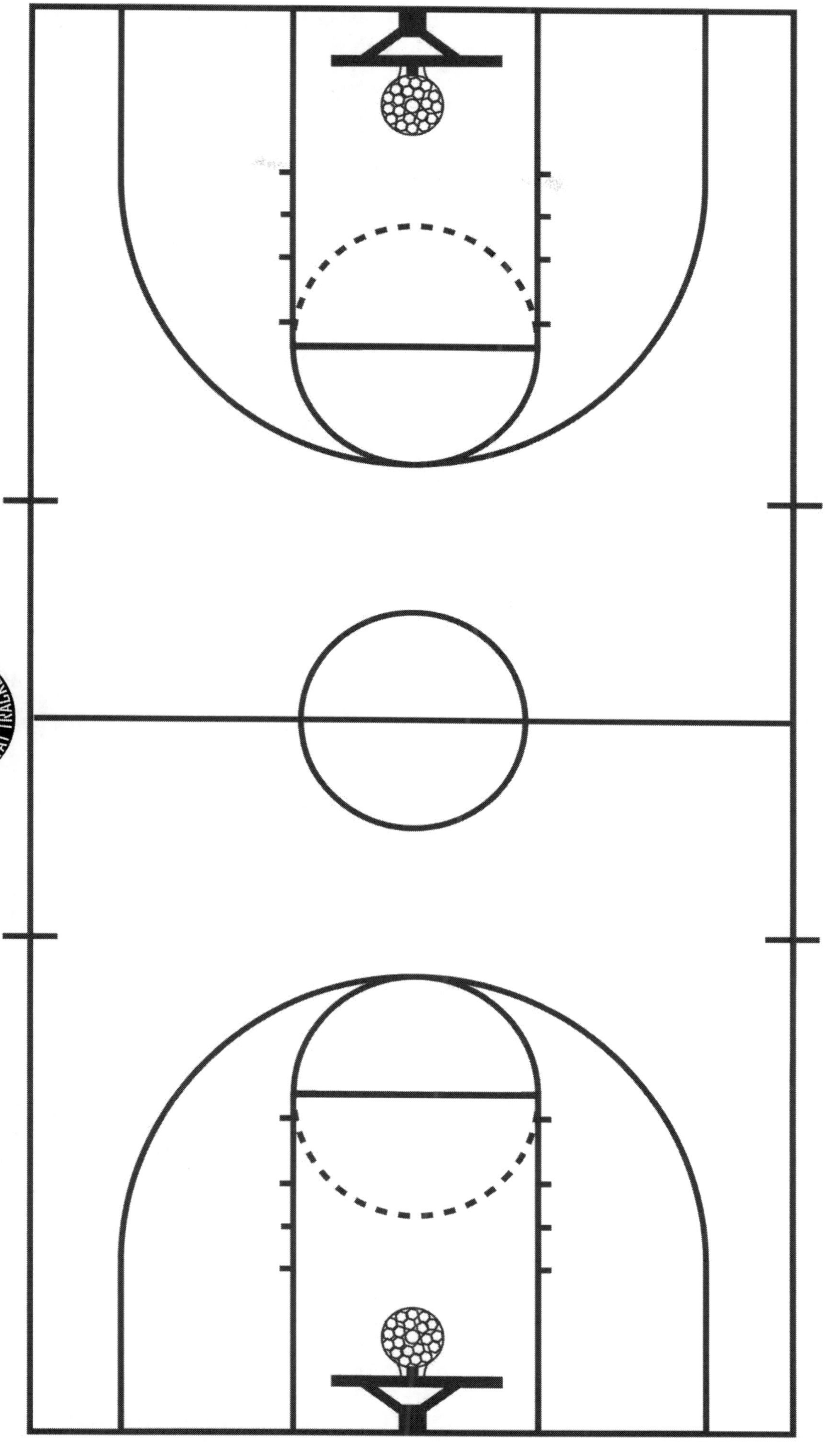

BASKETBALL STAT TRACKER

LOCATION			DATE		FINAL	HALF	
VISITORS							
HOME							

N°	PLAYER	FLS	HALF	2-POINT FG		3-POINT FG		FREE THROW		REBOUND		AST	TO	STL	BLK	TOTAL POINTS
				ATTEMPT	MADE	ATTEMPT	MADE	ATTEMPT	MADE	O	D					
		1 2 3 / 4 5	1													
			2													
		1 2 3 / 4 5	1													
			2													
		1 2 3 / 4 5	1													
			2													
		1 2 3 / 4 5	1													
			2													
		1 2 3 / 4 5	1													
			2													
		1 2 3 / 4 5	1													
			2													
		1 2 3 / 4 5	1													
			2													
		1 2 3 / 4 5	1													
			2													
		1 2 3 / 4 5	1													
			2													
		1 2 3 / 4 5	1													
			2													
		1 2 3 / 4 5	1													
			2													
		1 2 3 / 4 5	1													
			2													
		1 2 3 / 4 5	1													
			2													

SCORE

Team Totals

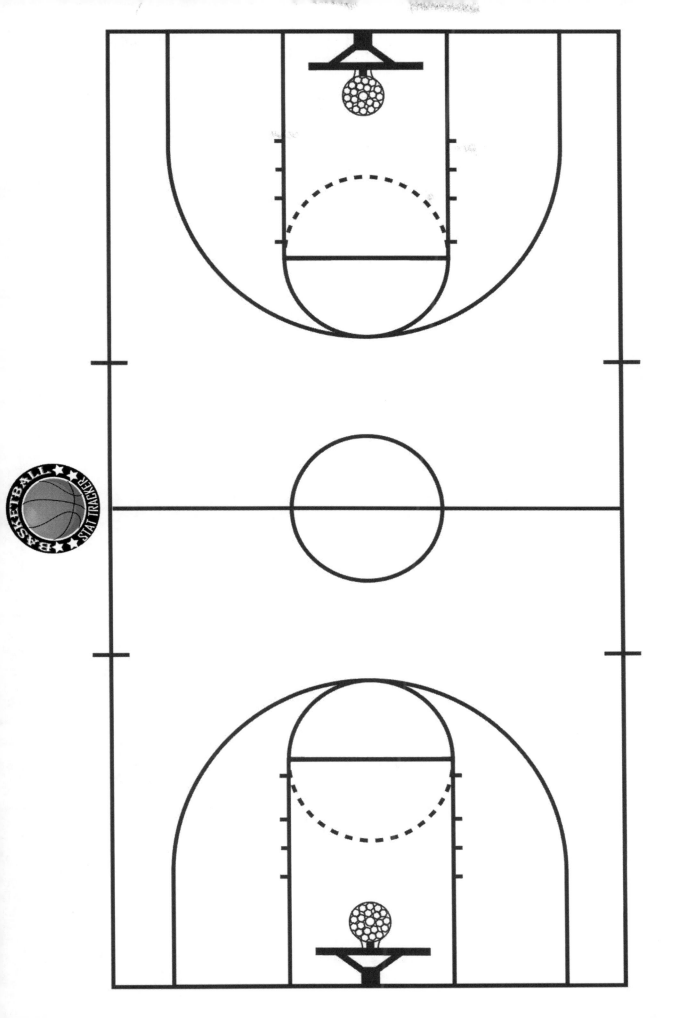

BASKETBALL STAT TRACKER

LOCATION		
VISITORS		
HOME		

HALF	FINAL	DATE

SCORE

Nº	PLAYER	FLS	HALF	2-POINT FG		3-POINT FG		FREE THROW		REBOUND		AST	TO	STL	BLK	TOTAL POINTS
				ATTEMPT	MADE	ATTEMPT	MADE	ATTEMPT	MADE	O	D					
		1 2 3 / 4 5	1 / 2													
		1 2 3 / 4 5	1 / 2													
		1 2 3 / 4 5	1 / 2													
		1 2 3 / 4 5	1 / 2													
		1 2 3 / 4 5	1 / 2													
		1 2 3 / 4 5	1 / 2													
		1 2 3 / 4 5	1 / 2													
		1 2 3 / 4 5	1 / 2													
		1 2 3 / 4 5	1 / 2													
		1 2 3 / 4 5	1 / 2													
		1 2 3 / 4 5	1 / 2													
		1 2 3 / 4 5	1 / 2													
		1 2 3 / 4 5	1 / 2													
	Team Totals															

Made in United States
Troutdale, OR
12/21/2023

16317209R00062